零成本激励

有效激励员工的实战法

胡既白◎著

中国法制出版社
CHINA LEGAL PUBLISHING HOUSE

自序 LING CHENG BEN JI LI

我做职业讲师数年，每年接触企业近百家，接触管理者数以万计。我观察到一个现象：在企业中，在同样的物质、薪酬、福利激励条件之下，不同的管理者带出的团队的精气神有天壤之别。有的管理者带出来的员工像蓄势待发的"狼崽子"，而有的管理者带出来的员工却暮气沉沉。

到底是什么决定了团队员工的精气神呢？很多管理者的思路就是通过工资、奖金、福利等物质激励手段来激励员工，我们不否认物质激励的必要性和重要性，但是物质激励真的能解决所有的问题吗？事实上，物质激励并不能解决所有的问题，有时甚至会坏事儿。

那我们的员工到底需要什么？尤其是"85后""90后""00后"的员工到底需要什么？这是所有管理者都要面对的一个问题。事实上，这个问题已经有人作出解答了，从马斯洛到赫茨伯格都已经阐明，物质金钱需求只是人们欲望冰山露出的那一角，隐藏在水底的

90%非物质的需求才是起决定性作用的核动力牵引,我们只有摸清、了解、对接这些深层次的需求,才能真正地激发一个人内心蓬勃的力量。

每一位员工都是一把精美的锁,很多时候管理者发现无法开启这把锁。事实上,并非这把锁无钥匙,而是管理者拿错了钥匙。时代在进步,员工在变化,管理者只有认真思考员工内心深层次的需求,选择适合这个员工的"钥匙",才能打开员工的"心锁",从而开启员工的"心门"!

那如何"开锁"呢?在本书中,我将会与您分享10把解锁的"钥匙",本书将从赞美激励、负面激励、荣誉激励、榜样激励、情感激励、参与激励、授权激励、竞争激励、目标激励、团队激励10个最常用的非物质激励手段展开,结合我多年管理职场的所思、所感,将其落实到操作策略、方法和技巧上。如果您看完这本书,哪怕能认可并应用其中的一招半式那都将是我最大的宽慰和荣幸。

在写这本书的时候,突如其来的新冠肺炎疫情正在考验着全球无数的企业,给众多的企业尤其是中小企业带来了泰山压顶般的压力,可以预见的是,在疫情持续期以及疫情后的一段时间里,很多企业都得勒紧裤腰带才能活下去。在如此的困境之中,企业生存压力巨大,通过增加物质激励的手段成本高昂,不切实际。在这个时候,更需要各位身担重担的企业管理者发挥自己的情商、软实力、管理智慧,利用非物质激励手段稳定人心、鼓舞士气、守土攻城。

本书的内容源自我讲授多年的一门课程,非常有幸这门课曾经

| 自序 |

给无数的管理者激发出了思想的火花,更加有幸的是,我们在课堂上互相分享的案例,又启发了我在这一领域更深入的思考。这次我化课成书,感谢书友的支持和阅读,愿我们共同携手,不负韶华,与梦前行!

江城

武汉

2022年春节

胡既白

目录 LING CHENG BEN JI LI

01 第一章
认识激励：激励是管理者必须高擎的"火把"

1 新时代员工激励的"迷"与"思" / 003
2 新生代员工激励的"危"与"机" / 007
3 找准需求，发挥激励的"杠杆"作用 / 010
4 零成本激励，管理者水平的"试金石" / 015

02 第二章
赞美激励：员工需要你的"点赞"

1 赞美，用善意来推动善意 / 023
2 赞美时不可不知的"礼花法则" / 027
3 十招让你的赞美如沐春风 / 031
4 四类重点人群，教你如何赞美 / 037

03 第三章
负面激励：要有"胡萝卜"，也要有"大棒"

1 管理者不应该做"好好先生" / 043

2　批评时不可不知的"热炉法则" / 046

3　如何批评，员工不反感又积极改善 / 050

4　管理者如何做到严格要求、合理惩罚 / 055

04 第四章
荣誉激励：学会给员工发"勋章"

1　给我足够的勋章，我能征服全世界 / 063

2　荣誉激励不可不知的五大法则 / 065

3　巧发荣誉的七种技巧 / 072

4　务必避开荣誉激励的四个"雷区" / 076

05 第五章
榜样激励：树立具有感召力的"标杆"

1　榜样的力量是无穷的 / 081

2　身做表率，最好的激励是管理者自己的背影 / 084

3　塑造榜样，为团队选好"标兵" / 096

4　树立榜样是为了复制榜样 / 099

06 第六章
情感激励：打造团队的"小太阳"

1　管理者要学会"创造感动" / 103

2　情感激励的五大核心抓手 / 107

3　工作关怀，如何做下属工作的坚强后盾 / 112

4　生活关怀，如何做下属生活的热心朋友 / 116

07 第七章
参与激励：这是"我们的船"

1 员工越参与，越有责任感 / 123
2 开展合理化建议，让员工的思想都闪光 / 126
3 共同承担改善的责任，让每个人都参与精进 / 133
4 采用民主集中决策，真诚聆听基层的呼声 / 137

08 第八章
授权激励：学会"放风筝"式管理

1 懂得授权，不做"三死干部" / 143
2 授权激励不可不知的5项原则 / 149
3 授权界定技巧："二八法"和"三分法" / 152
4 参照这样的流程授权，才能高效可控 / 155

09 第九章
竞争激励：搅动池塘的"死水"

1 激励就该"赛马而非相马" / 163
2 自我竞争：让员工"爬楼梯" / 166
3 内部竞争：让"鲇鱼"游进池子 / 170
4 外部竞争：寻找有价值的"标杆对手" / 177

10 第十章
目标激励：给员工树立前行的"灯塔"

1 船长，先定终点再起锚 / 183
2 造梦：树立共同的愿景 / 185

3 造靶：设定科学的目标 / 188

4 造梯：提供必要的支持 / 195

11 第十一章
团队激励：打造团队的"能量场"

1 发挥团队的群体激励效应 / 201

2 营建团队的规范：管控团队的"红绿灯" / 203

3 塑造团队氛围：用氛围来激励"士气兵心" / 208

4 完善团队关联机制：打造"与子同戈"的队伍 / 213

12 第十二章
差异化激励：好领导都是"一个猴一个拴法"

1 员工激励切忌"喂马吃肉" / 219

2 6种类型员工如何激励 / 222

3 不同层次员工如何激励 / 226

4 特殊员工的差异化激励 / 231

LING CHENG BEN JI LI

第一章　认识激励：
激励是管理者必须高擎的"火把"

1 新时代员工激励的"迷"与"思"

我们听过很多关于管理的定义，我认为最为鞭辟入里、直指人心的定义是来自管理大师彼得·德鲁克的"**所谓管理，就是通过他人来完成工作**"！管理的本质是通过一些手段来改变他人的行为以达成目标的一门学问。

由此可见，管理是管理者影响他人的一个过程，**管理效能的高低在很大程度上取决于管理者是否能调动下属的积极性、思考性、创造性**。换一种说法，管理者能否有效地激励下属是决定管理者目标达成与否的核心能力。电视剧《亮剑》的主人公李云龙为什么能战功赫赫，核心原因就在于他的激励能力。在李云龙接手独立团之前，独立团是吃了不少败仗的"发面团"，但是李云龙一接手，三下五除二就把独立团激励成嗷嗷叫的"狼崽子"，李云龙的军事能力之所以优秀，其激励能力是非常关键的。因此，激励能力是团队管理者重要的核心能力！

我讲学游历这些年，课上课下接触的管理者数以万计，却非常遗憾地发现：时代在发展，我们管理的对象也在不停地变化，但是很多管理者对于部属激励的手段却一成不变，手握"权力"和"金钱"两根大棒，却只盲目横扫，最终导致团队怨声载道、士气低迷，管理者也是身心俱疲。

我经常做一个比喻，我们的员工像什么？像我们在五星级酒店里面看到的高挂着的水晶大吊灯，在关上开关的时候，灰尘漫布，肮脏不堪，仔细一看，角落里面可能还落着飞虫翅膀、布着蜘蛛网。但是，一旦你打开开关，你就会发现，水晶灯在刹那之间光华璀璨、光彩夺目。我们的员工就像这种水晶灯，他们有缺点但不是没有能量，关键是管理者是否知道他的开关在哪里？是否有给他通上电？非常可惜的是，很多管理者欠缺激励能力、激励认知落后、激励手段匮乏，面对一帮很有潜力的员工，却偏偏无法让其进入状态，这是非常可惜的。

实验心理学家威廉·詹姆斯的研究表明：一般的员工在工作中只会发挥20%—30%的能力，但是当他得到充分的激励的时候，能力的发挥将会增长到接近3倍，也就是60%—90%的能力[1]。如果把每名员工比作一辆汽车的话，那么激励就是"油"，光有汽车没有油，车辆是没办法行驶的，只有当油箱装满了油，你才能启动、加速和快速持久地奔驰。

我们认为：**工作绩效＝工作能力 × 动机激发**。

员工的工作绩效并不完全由工作能力来决定，动机激发也起到决定性的作用。一个工作能力突出的资深员工，如果内心的动机没有被激发，处在"休眠"或"待机"状态，他的工作表现同样有可能会令人大失所望，甚至变成企业负资产。

管理学家C.弗朗西斯说："你可以买到一个人的时间，你可以雇一个人到固定的工作岗位，你可以买到按时或按日计算的技术操作，

---

[1] ［美］威廉·詹姆斯：《行为改变思想》，南海出版公司2014年版。

但你买不到热情，你买不到创造性，你买不到全身心的投入，你不得不设法争取这些。"企业支付员工的薪资等价交换的只是员工的工作时间，至于说在限定的工作时间之内，员工是应付了事，还是全力以赴；是"小和尚念经有口无心"，还是充满积极性、思考性、创造性地工作，这些不是提高工资就能解决的问题，而是需要管理者发挥激励的智慧才能达到的！

所以说，一个管理者如果激励能力不达标，其实是员工、管理者自身、企业三方皆输的悲剧。对于员工而言，很多隐性的需求被压抑、被忽视，工作中充满憋闷感，获得感不高，满意度低下；对于管理者而言，员工"出工不出力"，团队驱动艰难，管理者如陷泥潭，疲惫不堪还要承受巨大的绩效压力；而对于企业而言，则更是悲剧一场，手下精兵无数，奈何将帅无能、士气不振、战力衰弱，且逢大战，全军一击即溃。

而在我们研究的优秀管理者的标杆中，绝大多数取得非凡成绩的管理者都是激励高手。无论是老成谋国的任正非、挥洒谈笑的马云、翩翩儒雅的马化腾、憨直土味的雷军、飞扬激励的埃隆·马斯克，还是热情似火的杰克·韦尔奇，他们都是员工激励的高手。他们都找到了很适合激励自我团队的"杠杆"，通过"四两拨千斤"的方式撬动着企业的发展，使企业弹射般地跃升、起飞！

当然，优秀的管理者的产生不是通过一个"顿悟"就能达到的，而是一个持续积累、磨炼的过程。作为一个管理者，如果你觉得自己的激励能力是有待提升的，那么就需要你不停地借鉴、思考、总结、提炼和内化，经过时间沉淀，慢慢地形成一套自己的方法论。但首先，管理者要跳出旧有的激励观念的窠臼，这是我们提升激励能力的起点！

金庸老先生的武侠小说《笑傲江湖》中有这么一个精彩的小片段，采花大盗田伯光上华山思过崖挑战令狐冲，两人对战多个回合，令狐冲使华山剑法，左支右绌每每都败下阵来。这事儿惹恼了在暗中观察的剑宗高人风清扬，他出洞教了令狐冲几招独孤九剑，结果，小试牛刀之间，令狐冲就把田伯光打得落花流水。

我想要说的是，**小胜利靠勤奋，大成功靠观念和方法论的更新。眼界决定境界，不要用战术上的勤奋掩盖战略上的愚蠢。**在团队激励的过程中，也许就是如此，在有偏差的方向上努力，往往离目标越来越远。只有当我们跳出旧有的员工激励的泥潭，选择了正确的路径，才有可能真正点燃员工心中的"火种"！

2 新生代员工激励的"危"与"机"

21世纪的第二个十年,伴随互联网的车轮滚滚向前,物质丰富化、知识聚变、机会多元化带来的史无前例的观念爆炸,给传统企业的金字塔式管理模式带来了强烈的震撼和冲击。

员工工资越来越高,企业福利待遇越来越好。但与此同时,不少企业人才的流失依然"高歌猛进",团队执行力不见起色。管理者从高高在上的"王座"走入人群,但是依然很难建立起员工与企业之间的精神纽带。

为什么工资年年涨,员工还是不满意?

为什么员工有那么多的抱怨?

为什么员工在工作中推推动动、不推不动?

为什么员工没有大局观,不能体谅管理者的难处?

为什么培训了那么多年的执行力,执行依然不力呢?

为什么把工作当作事业的员工越来越少,"打酱油"的员工却越来越多?

这些问题成为很多管理者心中的困惑,尤其当"90后""95后"的新生代员工逐渐成为职场重要力量之后,很多管理者更加弄不懂员工到底需要什么,也不知道该如何去提高他们的满意度、如何激发他们的工作热情！

新生代员工对原有的管理模式造成了强烈的冲击，他们也是管理者必须重点研究的课题，这一代职场人大多成长在互联网突飞猛进、高等教育改革、信息爆炸、东西方文化的冲突与大融合的背景下，在他们成长的过程中，很少有物质匮乏的记忆，他们会为了物质报酬而工作，但是他们工作不仅仅是为了获得物质报酬！

- 他们懵懂，又敢于挑战，充满朝气。
- 他们敢于试错又充满热情和创造性。
- 他们有着最强大脑，潜力无限，但必须"轻拿轻放"。
- 他们就像刚摘的草莓，充满活力，又不容易保存。
- 他们知道自己想要什么，不想要什么，并且对于自己想要的东西非常笃定，一旦得不到，他们就会转身离去。
- 他们更适合平等的职场关系，绝对的上下级关系或高低关系会让他们远离管理者。
- 他们很情绪化，在情绪控制和管理方面不太稳定，他们需要被安抚、被理解，管理者随时需要解决他们的情绪问题。
- 和前几辈人不一样，他们很喜欢表现，所以要给他们表现的机会。

作为管理者，你可能已领教过他们的厉害，你可能发现，自己积累多年的管理方法在他们身上部分失灵了。很多管理者充满了无奈，亲身体会了中学班主任的那句口头禅："你们是我带过最差的一届！"

但是这种抱怨是毫无意义的，时代的洪流奔腾不息，"90后"已经逐渐成为职场的主力，更加个性飞扬的"00后"也将在21世纪的第三个十年逐渐成为职场的主力，管理者没有退路，必须适应新的管理对象。找到员工真正的"嗨"点，采用新的模式去激励他们，让他们的"小宇宙"燃烧起来。

另外,在企业的管理中,企业人力资源的浪费是企业最致命也是最严重的浪费。而导致企业人力资源浪费的核心原因有两个。第一,人岗不匹配,员工很有能力,但是所做非所长、所做非所愿,这是很遗憾的。第二,潜力未激发,优秀的人才放在了合适的位置上,但是管理者没有激发他的创造力,并最终导致员工表现平平。

客观而言,潜力未被激发而导致的人力资源浪费是最为可惜的一种浪费。尤其在新生代员工身上,他们思维极为开阔,是极具创造力的一代,一旦管理者能够找到打开他们的"钥匙",他们将迸发出极大的工作热情,创造出令人惊叹的工作成果!

因此,更多地研究适合新生代员工的激励方法,是时代潮流驱使,也是各位管理者的必修课。在面对这个日渐庞大的群体时,我们只有思路越来越开阔、方法越来越多元,切中"病灶",击中"痛点",挠中"痒点",才能真正有机会催开他们内心的能量之花!

3 找准需求，发挥激励的"杠杆"作用

一个经验丰富的母亲遇到自己的孩子突然啼哭会怎么办？她会首先判断婴儿啼哭的原因。因为导致孩子啼哭的原因是多样的：有可能是饿了，有可能是冷了，有可能是病了，还有可能是尿了。只有找准了原因再做有针对性处理，才能止住婴儿的啼哭。如果提前没有判断对原因，而给一个生病发烧的婴儿喂奶，希望他停止哭泣的话，无异于缘木求鱼。

管理者激励下属和母亲照顾孩子有相同之处，员工的需求也是多样的，如果管理者没有摸清楚员工的真实需求就胡乱予以激励的话，就可能导致激励效果较差或者是激励成本和激励效果不相称的糟糕局面。

激励是管理者对于员工施加积极影响的过程，让这种积极影响产生的一个基本前提是管理者了解员工的内在需求，激励效果之所以产生，是因为管理者了解并满足了员工的需求。因此在讨论激励方式之前，我们一定要了解员工的需求。高效的激励一定是能够吻合激励对象内心需求的激励。

在需求理论的研究方面，诸多的心理学家和管理学家都作出了不少贡献，而著名的社会心理学家亚伯拉罕·马斯洛的需求层

次理论给员工激励带来了极大的启发，也是管理者必须知道的激励理论。

马斯洛需求层次理论把人的需求划分为5个层级：

生理的需求，维持人类生存最基本的需求，包括食物、水、衣、住等方面。这些需求是最低层次的需求，一旦得不到满足，人的生存就成了问题。只要是人，都会有这个需求，生理需求是驱动人的行动最强大的动力，只有这层需求得到了满足以后，别的需求才有意义。引申到企业管理层面，员工对工资、福利、奖金等物质方面的需求都是其最基本、最原始的需求。

安全的需求，保障自身安全、避免对自身造成危险和威胁的需求，如避免财产损失、失业、职业病、严酷的工作监督等方面的需求。马斯洛认为：人的整个机体有一个追求安全的机制，人的效应器官、感受器官、智能都是寻求安全的工具。

爱和归属的需求，主要包含两个方面。第一方面是友爱的需求，即所有人都需要伙伴之间、搭档之间、朋友之间的融洽的关系，并保持彼此感情的忠诚。所有人都渴望在有爱的环境中生活，希望爱别人，也希望得到别人的爱。第二方面是归属的需求，所有人都有归属于群体、团队的欲望，都希望成为某个群体、团队的一分子，并得到彼此的关心和照顾。员工入职来到企业，一般都渴望有一个比较友善、温馨、舒适的人际环境。他们希望同事间有战友般的情谊，领导像兄长老师一样抱有善意。

尊重的需求，所有人都渴望有稳定的社会地位，渴望自己的能力和取得的成就获得群体和社会的认可。尊重又分为内部尊重和外部尊重，所谓内部尊重是指人希望在各种情境中有实力、充满信心、能胜任、能独立自主，也就是人的自尊。外部尊重是指人都希望自己拥有一定的地位、受人尊重，在群体中具有号召力和威信，获得信赖，并得到大家较高的评价。总之，作为团队的一分子，人人都希望自己在别人的眼中不是无足轻重的一员，而是举足轻重的一员。能够在工作中感受到自己的重要性、独特性、稀缺性。尊重需求得到满足后，人往往会充满自信，体验到自我的用处和价值，对团队充满热情和责任感！

自我实现的需求，这是最高层次的需求，是指达成个人理想、实现个人抱负，充分发挥个人最大才能以完成与自己能力相称的目标的需求。自我实现就是挖掘自我的潜力，超越自我、刷新自我，让自己逐渐成为自己理想中的人物的需求。

需求的满足与否决定着员工激励水平的高低，激励水平的高低决定着员工的工作状态是否积极。所以，诸位管理者，如果你在某个服务的窗口、某个办公桌前、某个会议室里看到过这样的人：他们把岗位当作捞取微薄报酬的手段，将工作当作消磨时光的途径；他们两眼无神，毫无热情；他们不求有功，但求无过；他们从来不追求卓越；他们毫无服务精神，对待顾客经常不耐烦；他们出现一点点问题和麻烦就准备放弃，从来没有克敌制胜、迎头痛击的斗志和勇气……那么很有可能，是他的管理者没有真正找准他的需求；因为没有找准员工的需求，所以员工就无法被很好地激励，因此他们只能让员工进入自己岗位，但是进入不了状态。

另外值得注意的是，这5种需求同时又具备以下几个显著的特性。

（1）5种需求是从低到高，呈阶梯状递进的：这5种基本需求是由低到高，按照层级递进的，在正常情况下，人在低层次的需求得到满足以后，就会向更高一个层次的需求发展；在低层次的需求尚未得到满足之时，高层次的需求一般不会成为最主要的需求，例如一个员工在组织中基本的生存生活都无法保障、每天朝不保夕、惶惶不可终日，在这种情况下，生理和安全需求就是最重要的需求，而爱和归属的需求则不会成为核心需求。另外，任何一种需求也不会因为更高层次的需求的发展而消失，各层次的需求相互依赖及重叠，高层次的需求发展后，低层次的需求仍然存在，只是对行为的影响程度变小了。

（2）每一阶段主要有一种核心需求：每个人都会同时有几个不同层次的需求，甚至涵盖5个不同层次的需求，但是每个阶段一定有一种需求是占完全主导性地位的，这也是一个人行为的最大驱动力。

（3）当一种需求得到满足后，这种需求给人带来的满足感就会降低：我在自己的管理课程中做过多次调查：当你买到人生的第一辆车时，这种幸福感可以持续多久。非常有意思的是，很少有人说会持续兴奋下去，我听到的时间最长的答案大约是半年，而最极致的答案是"当我坐上去的那一刻我就不兴奋了"！

（4）如果高层次的需求得不到满足，常会导致人在低层次的需求上面索求无度：一个人在组织中如果得不到爱和归属、尊重、自我实现这些高层次的需求，他就会在低层次的物质需求层次上加大需求。在现实生活中，一些腐败分子之所以腐败，就是在自己晋升、权力跃升的期望破灭之后，将高层次需求转化为低层次需求，进而变得贪得无厌。

根据马斯洛需求层次理论，我们不难发现传统的物质激励主要是响应生存和安全的需求，因此其在有些时机针对部分员工物质激励的方法是失效的。而本书所阐述的零成本激励的手段，主要针对尊重需求、爱和归属的需求、自我实现的需求效果，它是物质激励必不可少的补充，也是放大激励效果的有效助力。

4 零成本激励，管理者水平的"试金石"

（1）管理者为什么要学习零成本激励

零成本激励指的是管理者通过金钱、物质以外的方式对员工进行有效的激励。这些激励方式的特色是企业投入的货币成本为零或很少，其激励的实施主体主要是管理者，因而对管理者提出了相对较高的要求和一定的挑战。

管理者为什么必须提升零成本激励的意识和能力呢？

在职场中有一句话叫作：**员工加入的是企业，离开的是领导**。员工选择去一家企业上班，一般判断的是该企业的行业地位、规模、口碑等宏观因素。但是员工离开公司，很大的原因是对自己的领导不满意。管理者不懂得合理、合适地激励部属是很多企业人才流失、团队不稳定的核心因素。

另外，我们发现：有些企业员工薪资丰厚，福利完善，员工富足，但是员工在私聚攀谈之时，多是抱怨宣泄之语；而有些企业薪资一般、待遇平平，但员工士气高昂、奋发有为。

从中我们得出了一个结论，一个企业员工的状态和物质激励有关系，但是并非必然的联系。除了物质激励之外，非物质激励的因素也在发挥着巨大的作用，甚至可以说，**非物质的零成本激励能力高低决定着一个团队的战斗力高低，非物质的零成本激励能力也是考核一个管理者管理能力是平庸还是卓越的试金石。**

管理者具备过硬的零成本激励的水平，对管理者本人、对员工、对企业都具有极大的价值。对于管理者本人而言：首先，掌握好零成本激励的技能，是管理者进行管人、理事的重要能力，能帮助我们更好地凝聚团队。在员工管理方面，我们经常说"员工加入的是企业，离开的是领导"，就是这个意思。盖洛普测验显示，75%雇员的离职是想要离开他们的主管而非公司。在一家公司的200名离职人员中，只有40人在离职时进行了薪酬谈判，其中27人因公司加薪留下来，这27人中又有25人在一年后离开。员工加入一家公司，往往是奔着这家公司的知名度、美誉度等因素而来，而员工离开一家企业，最多的原因就是对自己的领导失望，管理者不能理解员工的需求和管理手段失败是导致很多优秀员工流失的核心原因。其次，掌握零成本激励的技能，能改善自我团队的效能，帮助我们更好地达成绩效目标。最后，掌握零成本激励的技能，就要求管理者处理好与下属的关系，锤炼自己的情商来赢得团队的尊重和敬爱，零成本激励技能提升的过程也是管理者个人魅力增长的过程。

对于员工而言：首先，管理者实施零成本激励，能够满足员工更多深层次的需求，让员工在职场中得到更多的尊重、信任，获得更大的成就感。其次，管理者实施零成本激励，能磨砺员工的斗志，提升员工的工作积极性。最后，管理者实施零成本激励，能够帮助员工更好地实现自我成长，因而拥有更好的职业前景。

对于企业而言：首先，零成本激励能够改善企业的风气，刷新企业的文化。其次，零成本激励能倒逼企业管理层能力的提升，为企业的永续经营提供重要保障。最后，管理者实施零成本激励，可以减少企业一部分经济投入，节约企业的激励成本。

（2）零成本激励的形式

那到底该如何进行零成本的激励呢？本书中将详细向大家讲解10种常见的零成本激励的手段，分别是：

赞美激励是管理者通过公开、对比、适当放大的方式对员工工作中的亮点、成绩进行赞美表彰，给予员工荣誉感和满足感，同时对团队起到激励作用的一种激励方式。"良言一句三冬暖"，好的赞美能让员工如沐春风而又干劲百倍。

负面激励是管理者通过提出批评、设立严格标准、适当处罚的方式来警醒促动员工的一种激励方式。负面激励能让员工知道管理者的底线，促动员工的自我管理，提升员工对自我工作的要求，帮助员工对工作失误进行改善。"追求快乐"和"逃避痛苦"是人的两大核心心理，因此在激励中，既要有"胡萝卜"，也要有"大棒"！

荣誉激励是管理者通过给部分员工颁发荣誉以体现其独特性和价值性的一种激励方式。合理的荣誉激励能够促动团队成员对于成就的欲望，管理者通过颁发荣誉，让员工感觉到自我的进步、自我的奉献、自己的成绩是被领导和团队认可的。管理者要懂得更聪明地"发勋章"！

榜样激励是管理者通过率先垂范、塑造榜样的方式来提升团队积极性的一种激励方式。榜样激励既能满足优秀员工的荣誉感需求，同时也能激发员工的成就感。管理者自律是团队水准的"天花板"，管理者要做好"标杆"。

情感激励是管理者在与下属的相处过程中通过表现出对下属的尊重、宽容、关心、信任、赞美来展现和下属的共情的一种激励方式。情感激励的手段主要是通过工作中、生活中的关怀来展现对下属的关爱，通过展现上司的人格魅力来获取下属的尊重。

参与激励是管理者通过提出合理化建议、共同承担改善责任、采用民主决策等一系列方式来激发员工创造力的一种激励方式。参与激励能让员工感受到管理者对员工智慧和能力的重视，能真正点燃下属智慧的火花。真正地让管理者和员工的关系从"面对面"走向"肩并肩"！

授权激励是管理者通过将自己手中的部分权责利授予下属，来激发下属的责任心和斗志的一种激励方式。古人说：下军尽己之能，中军尽人之力，上军尽人之智。通过授权激励，下属既能够感受到管理者的信任，同时也能通过不断思考、实践、学习来提升、磨炼自我。管理者在团队管理中，应适当地从"监工式"走向"放风筝式"。

竞争激励是管理者通过促动员工自我竞争、团队内部竞争、对外竞争的方式来激发员工的危机意识、紧迫意识的一种激励方式。竞争激励能够有效减少员工的懈怠心理，提高团队的活力和效率。在团队激励过程中，让"鲇鱼"游进池子，真正做到"赛马而非相马"。

目标激励是管理者通过具有激励性质的愿景、目标来清晰员工的方向、强化员工意志的一种激励方式。目标激励能够让员工对未来更加笃定，帮助员工从"管理者牵引"向"自我牵引"过渡，从而实现更好的自我管理和自我激励。

团队激励是管理者通过利用团队的同化、异化效应来拉升个体员工的思考性、积极性、创造性的一种激励方式。团队激励是通过团队来反向作用于个体员工，对团队每个成员都形成极强的推动力。

（3）小结

零成本激励的方法论不是否定物质激励的作用，事实上，必要的金钱和物质激励是零成本激励的基本条件。员工的需求是多样化的，金钱和物质激励能解决很多的问题，但是不能解决所有的问题。而且在我们的管理场景中，中层和基层的管理者所掌握的物质激励的数额也是有限的。管理者只有跳出仅通过物质激励来"收买人心"的低层次操作，高擎从"心"出发的火把，才能照亮我们向上攀登的路径！

LING CHENG BEN
JI LI

第二章　赞美激励：
员工需要你的"点赞"

1 赞美，用善意来推动善意

美国著名作家马克·吐温曾经讲过一句话：只要一句赞美，我就可以很好地活上两个月。马克·吐温是幽默大家，这句话貌似是笑谈，却不得不说是直抵人心。俗话说"人争一口气，佛争一炉香"，其实讲的也是这个道理，人活在这个世界上，都希望得到他人肯定。都希望自己在领导、在同事心中不是无足轻重的一分子，而是举足轻重的一分子。

在管理者的向下管理中，用赞美去激励员工是最为简单，也是成本最低的一种激励方式。但是不得不说，基于种种原因，很多管理者却忽略了这个性价比非常高的激励方式。

中国人整体个性偏于内敛，在与人的沟通中，更倾向于隐藏自己内心的感受，这其中也包括对于他人的欣赏和赞美。管理者不愿意赞美的原因其实是有多方面的，有的管理者天生就没有养成赞美的习惯，这多半与家庭教育的环境相关。很多管理者的成长经历里面，就很少被赞美，因此也没有及时赞美他人的习惯；有的管理者觉得放不下自己的面子，觉得赞美别人在某种意义上就是贬低自己；有的管理者认为下属做好分内工作是理所当然的，做得好也不该得到赞美；也有的管理者是因为不善于赞美，不懂得赞美的技巧，因此即使觉得员工表现出色，也缄口不语，毫无表示。

以上种种原因导致赞美虽然是一种性价比极高的激励方式，却被很多管理者忽视。对于员工而言，在自己表现出色或作出突出贡献时，连领导的一句暖心话都没有，是很容易寒心的。而对于管理者而言，在员工表现出色或有进步时，没有强化激励，也没有利用赞美锚定员工的行为，但在组织中推而广之，这其实就是一种浪费。

我在企业里给中层管理者们上课时，经常问他们一个问题："在公司里面，你们最希望得到谁的表扬？"

很多管理者都会脱口而出："公司领导！"

我又会接着问："具体公司的哪个领导？"

这个时候绝大部分的管理者，思考一下后会回答："直接领导！"

这些管理者的回答是真诚的，在公司里面，除非你的顶头上司就是最高层，绝大多数的人可能不会奢望公司最顶层那个"大领导"给自己一个赞美。客观上而言，如果公司组织层级比较多，得到最上面的领导的赞美是有点可望而不可即的，不一定现实，因此绝大多数的人对这一点并不是特别看重。但是，我们发现大部分管理者都重视顶头上司的表扬。为什么？因为这个人每天与我工作互相授受，他看着我的工作表现，是我工作的最直接的评价者。

我听到这个回答以后，往往会追加一句话："管理者们，请思考一下，你的下属是否也是这样想的呢？"

作为管理者，我们最希望得到来自上级的表扬。其实我们的下属何尝不是这么想的呢？"己所欲，施于人"，管理者们应该领悟到，我们的下属也许不奢望得到最高层领导的赞美，但他们一定重视我们作为直接领导的赞美，他们希望自己的进步被我们看到，他们希望自己的付出被我们看到，他们也希望自己的成绩被他们的下属看到。

漠视本身就是一种态度，漠视本身就是一种伤害！好的激励是用善意来推动善意，而最好的传递善意的方式就是赞美。

赞美对于员工而言，到底有什么作用呢？

赞美是馈赠的鲜花：基于马斯洛需求层次理论，第四个层次是尊重的需求，赞美就是在表达尊重，它可以满足对方的心理需求，让员工感觉到被认可、被重视。

赞美是工作的助推器：任何团队要想推动工作进步，都必须调动起员工你追我赶的竞争热情。自然，竞争不一定是有形的、外在的，重要的是内在意识。而要想发挥团队的竞争优势，就必须运用赞美这个手段，向所有有进步、有贡献的人，或是与你真诚合作的人（哪怕是在某一个很小的方面），由衷地献上你赞许的语言、肯定的评价、真诚的鼓励，这会激发其他员工想听到赞美的欲望，因而优化和提升自己的工作质量。

赞美可将偶然行为固化为长期行为：员工的正面行为有时只是偶然的，但是一旦得到领导的赞美之后，他就会有强烈的内在动力去维持或发展这种行为。

丈夫经常不拘小节，回到家后，总是把臭鞋一脱、臭袜子一扔。妻子很受不了这个习惯，沟通了很多次，丈夫依然我行我素，妻子无奈，只能作罢。

一天丈夫出差回来，心情特别好，破天荒地居然把鞋子放得整整齐齐的，把袜子也扔到了脏衣篓里。聪明的妻子看到这一幕之后，赶紧大声赞美："哎哟，我家老公今天真是有进步了，居然痛改前非，重新做人，把鞋和袜子收拾得这么齐整，太棒了，来，亲一个，奖励你的。"

这事儿过了之后，第二天丈夫回到家，正当他准备把臭鞋一甩的时候，突然想到昨天妻子表扬的话。心里想：她都说我痛改前非了，还狠狠地亲了我一口，今天要是再这么一扔，待会儿妻子看到了，这不是自己打自己的脸吗？这念头稍一浮现，丈夫赶紧把要甩出去的臭鞋收回来，摆得整整齐齐的，把袜子又扔到了脏衣篓里面。

就这样，丈夫坚持了一个星期，多年的小毛病居然就被改过来了！

案例中，丈夫的一次偶然的卓越表现，被表扬一次之后，老婆就通过表扬把他锁定了，这就是所谓的锚定效果。爱默生曾说过：**保持愚蠢的一致，是思想混乱的怪物。**人最难反驳的是自己，表扬就是锁定员工偶然的优秀行为的锚！

2 赞美时不可不知的"礼花法则"

赞美有非常显著的激励效果。那如何赞美才可以让赞美的激励效果达到最大呢？我们推荐管理者在赞美的时候结合"礼花法则"。也就是赞美也要像放礼花一样，遵循以下三个非常重要的原则。

（1）观众原则

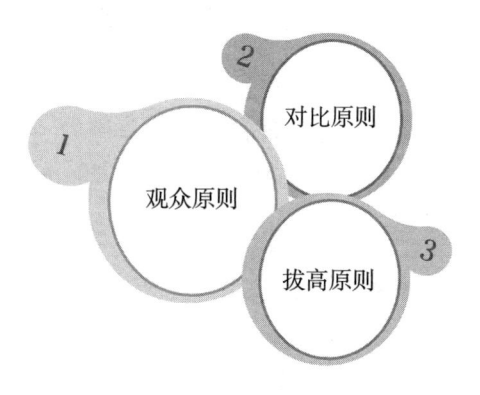

图2-1 观众原则示意图

我们在燃放礼花的时候，一般会选择在什么场所燃放呢？一般会选择人多的地方，万众聚集之时、众人鼎沸之刻，一簇礼花冲天而起，漫天弥散，所有观众抬头观望，报以欢呼和掌声。燃放礼花时，大家一般会选择观众聚集的地方，观众越多，效果就越好。

在进行赞美激励之时，也是同理，观众越多，赞美的效果则越好。管理者在公开场合进行赞美效果更佳。

私下赞美可以吗？也可以，但是效果则会大打折扣。例如，下班时，与下属两人同乘电梯下楼时，你拍拍下属的肩膀说："最近做得不错。"下属心里也许有淡淡的开心，但是心里也许会觉得：领导者是没话找话，故意吹捧我两句。

试想一下，管理者在部门开周例会的时候，当着所有的同事表扬："最近一段时间，小王干得非常不错，连续加了几个大夜班，赶做这个重点项目的方案，昨天方案终于成功提交给客户了，客户非常满意，签了很大一个单，小王这段时间，无论是工作的态度，还是工作成果都是大家学习的楷模，来，大家给我们的榜样小王鼓鼓掌好吗？"

显而易见，在这种公开场合之下，赞美的效果则要好得多。好在哪里呢？

第一，下属会知道领导的表扬一定是真诚的。公开赞美时，下属一般不会认为这是领导逢场作戏，更倾向于认为赞美的话是出自领导的真心，领导一定是真的觉得自己做得很出色。

第二，下属会更有荣誉感。私下赞美，其他的同事并不知道，不能满足下属的虚荣心，不能凸显下属的行为的可贵性，因此赞美的价值就会被削弱。而公开赞美，就能让下属引以为豪，让其感受到来自大家的尊重和认可。

第三，能起到对其他下属的激励作用。公开场合赞美，其他的下属就会想："原来这么做，领导就会表扬啊，那下一次我也这么做吧。"因此，能某种程度地起到推而广之的作用。从而，起到赞美一个人，激励一群人的效果。

（2）对比原则

我们在燃放礼花的时候，时间一般会选择在夜晚。为什么呢？因为夜空的黑更能够衬托礼花的亮。所以我们在表扬下属的时候，也可以谈一谈那些不好的行为，通过这种好与不好的对比来强调先进行为的价值和可贵之处。

例如，某次活动结束后，大家都走了，有两个同事主动留下来，用了20多分钟时间把场地卫生打扫了一遍，我们要表扬这两位伙伴，可以当着群体同事的面，我们先进行对比说：你看大部分同事都走了，甚至个别同事还把自己带的垃圾扔在了地上；后排甚至还有人嗑瓜子、吃花生，皮壳扔了一地。在这种情况下，我们部门的几个同事，没有任何人提要求，主动留下来清扫现场，这种行为值得表扬。

这就是做对比，这种对比更能够让大家感受到被表扬者的行为的弥足珍贵，从而让被表扬者得到更多的心理满足感，也是给其他的人提醒。

（3）拔高原则

我们在燃放礼花的时候，是要有一定高度的。在人群之中，礼花冲天而起，达到一定高度再爆炸、弥散。表扬也是这个道理，一定要进行适度的拔高和提升，站在一定的高度来谈这种先进行为。

王经理是一个很擅长表扬下属的上司。公司被一个特别难缠的客户投诉，部门的客服专员小胡面对这个客户，非常有耐心地跟客户沟通，最终不仅化解了客户的不满，而且让这个客户完成了转介绍。在部门会议上，王经理在讲述完小胡的事迹后说："小胡这是什么精神，这就是我们所倡导的以客户为中心的精神，锲而不舍、不厌其烦、专业可靠，最终感动客户，在自己的岗位上愿担当、敢担当、会担当，他是我们学习的标杆，我在这里对小胡的这种精神提出表扬，大家都要向小胡学习！"小胡听了领导的表扬，特别满足，心想一定要把这种工作作风贯彻下去。

　　管理者对下属表扬时，可以在具体行为上必要拔高，经过拔高，既让被表扬者更有荣誉感，又让表扬变得更加有影响力。这也就是我们经常所说到的：表扬上纲上线，批评就事论事。

　　当然，也要注意一点，拔高也是有原则的，太过于脱离实际的、故意的拔高则会让人觉得虚假，会起到物极必反的效果。因此，拔高是要建立在坚定的事实依据之上的。

3 十招让你的赞美如沐春风

下属对于管理者的赞美非常渴求，管理者需掌握一定的赞美技巧，让自己的赞美更加具有激励效果。

第一招，赞美要具体化。

对下属的赞美首先要有一个立足点。不要泛泛而谈，要尽量描述下属值得你赞美的具体的点在什么地方，赞美的点越具体、越言之有物，则赞美的效果越好。

管理者如果说："这个PPT做得很棒！"

这样下属的满足感是比较弱的，甚至觉得领导并没有仔细验收自己的工作。管理者如果换成："你这个PPT做得非常精美，内容简洁明了，提纲挈领，风格清新干练，超出我的预期。"下属听到这个赞美之后，就会感觉到领导看到了自己的努力，也会感觉到领导的表扬是真诚的，也有利于下属固化优秀的工作方式，在下次做PPT的时候为了不让领导失望，一定会做得更加出色。

如何让自己的每一次赞美尽量具体化。我们可以参照教练技术之中的BIA（积极性反馈）的方法。

积极性反馈由三个部分组成：B、I、A。

B——Behaviour，行为，是指他人做得好的具体行为；

I——Impact，影响，是指他人做得好的行为带来的积极影响；

A——Appreciation，欣赏和感谢，是指对他人表示感谢、认可和肯定。

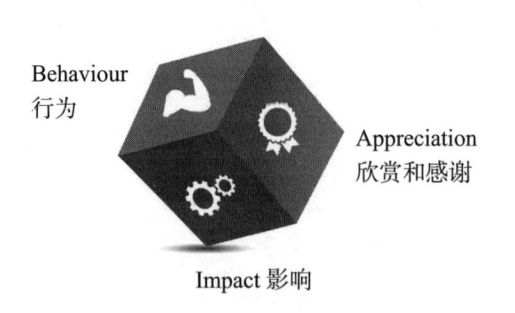

图 2-2　BIA 赞美法示意图

BIA赞美法聚焦于对方的行为，要具体和简洁，描述对方说了什么或做了什么，突出实现成果的关键行为。不仅对结果表示认可，也要对过程和付出的努力表示认可。提示从目前的行动可以获得的未来的成果，以此赋予动机，真诚、及时地表示认可和支持，从而起到激励对方持续做同样行动的效果。

BIA赞美法到底如何用呢？举例如下：

- 我发现你撰写报告的方式非常简洁，一看就明白，我非常喜欢。
- 我看到你最近的工作成绩一直名列前茅，给同事做了榜样，对此我非常欣赏。
- 我看到这次在疫情之中、风险极高的时候，你第一个主动请缨支援武汉，体现了你一贯积极的担当精神，也号召了很多同事向你学习，这让我印象深刻！

BIA赞美法的好处在于让下属感觉到领导的赞美是言之有物的，

是真诚的认可，而非泛泛的恭维。因此下属会更倾向于认为领导的表扬是公正客观的，是不偏不倚的，因而也会促使下属更愿意聆听到来自领导的反馈。

第二招，赞美要及时。

根据心理学的研究，反馈越及时，效果越强化。当管理者观察到下属的进步，或者其提交出卓越的工作成果时，赞美一定要及时迅速。下属表现出色时，其实对领导的赞美是有预期的，管理者的赞美耽搁的时间越久，赞美的效果就会越递减。

第三招，巧用第三方赞美。

赞美下属的优点，不一定要当着下属的面来说。赞美如果是通过第三方的方式传递到被赞美的下属耳中，这种效果其实是非常出色的。

记得当年有一次我在外地出差，跟一个同事在通电话时，他无意之间聊道：今天老大可在开会的时候表扬你了，说你每次写的方案可读性很强，条理清晰，让大家都向你学着点。挂断这通电话之后，我的开心更甚于领导当面赞美我，感觉是领导真的特别认可我写方案的能力，他的赞美是特别真诚的！所以，当赞美通过第三方传递时，效果不光不会打折扣，反而会更好。

第四招，向下属请教本身就是赞美。

管理者在工作中，不必自视甚高，俗话有云：地低为海，人低为王！当我们能够谦卑、虚心地向下属请教时，这本身就是最好的赞美。

管理者向下属求助的行为，会给下属留下好的印象，这是因为被求助是自我价值的一种体现，大多数人不会拒绝这种要求。另外，上司的求助，从表面上看，这不是肯定，但是其实这种行为的本身就是对下属能力的一种认可。所以，当管理者向下属寻求建议的时候，这对下属来说，是一个自信提升的过程，也促使他们更好地发扬他们的智慧。

第五招，赞美时充分运用对比。

如果员工成功了，适当地否定他的过去，更能彰显出他现在的成就。所以赞美员工时，也可以运用"先抑后扬"的方法，从否定到肯定地评价，不但能增强谈话的吸引力，还能显得真实可信。

比如，"小张刚进公司那会儿，专业上比较欠缺，做的很多方案都被我否了，但是你看这两年他成长特别快，专业上迅速地成长起来，已然能够独当一面了，进步可以说是有目共睹，我非常认可"！

"我觉得你早期的设计稿率真但灵性不足，而你后期的设计稿感情饱满更真诚，更具视觉冲击力。"

适当地对比，是通过戏剧性的方式来强化对方的满足感。同时，也会让员工感觉到赞美是以事实为依据的，因而更加真实可信。

第六招，赞美的形式可以多样化。

管理者给下属的赞美不一定局限在语言上，形式可以多样化。

例如，肢体形式：它可以是一个热情洋溢的大拇指、一个握手、一个眼神、一个拍肩，也可以是胜利时刻的一次击掌和拥抱，还可以是一次认同的鼓掌。

也可以是文字形式：比如，在工作报告中专门列式提出。一条微信、一封邮件、一封感谢信或者是一张表扬的便签。我多年前的一名下属，曾告诉我，她还保存着我曾经留在她办公桌上的一张鼓励的小便签，这让我特别感动和意外。

赞美的动机是固定的，赞美的方式却可以多样化。

第七招，巧用故事来赞美。

对于下属，你要善于发现细节，不能只说你真棒，下属会摸不着头脑，到底哪里棒，怎么努力才更棒？

比如，对下属说："记得当年，我们在开发非洲市场的时候，当地的条件真的是特别的艰苦，而且时间紧、压力大，当地的基础设施、道路状况又差，设备根本运不过去，我到当地去看，李工他们率领团队真是想尽办法，在当地征集牲口拉车，硬是在泥泞中跋涉了几天，最终确保这个项目按时保质完成，李工他们就是我们团队敢打敢拼、艰苦奋斗精神的典型代表，让我记忆深刻，至今难忘。"

用故事的方式赞美，生动、具体、客观又能引人入胜，这是对很多管理高手而言非常常用的方法。管理者请记住，故事会产生力量，故事能传递感情。

第八招，用"贴标签"的方式赞美。

根据下属的兴趣和特长进行表扬，称赞下属为某一领域的能手或专家，让对方在某一领域有强大的磁场。

比如，有人开会提问说"这个文案应该怎么改"，你这时可以说："文案方面，小李是这方面的能手，他是新闻学专业毕业的，写了很多评论，我曾经拜读过。"

这时候小李会产生如下感觉：写好文案容易在职场形成个人品牌，就能激励其更好地强化专业技能。

例如说："谈到线上销售这一块儿，小谢是社群运营的高手，你看她建立的几个客户微信群，活动策划新颖、客户热情高涨、转化率排名也是首屈一指。在这方面，连我都自叹不如。下一次，让小谢专门在团队里面给大家讲讲课，传授些做社群营销的绝招！"

相信小谢听了这个赞美，一定是很有荣誉感的，回家一定会好好准备课件，下次讲课的时候一定要给些干货，不能让领导和听课的同事失望，从而辜负了高手的标签。

第九招，用提问的方式赞美。

对于下属的赞美，说话一定要发自内心，让人感觉虚伪的话则适得其反，你的夸赞以提问的方式进行，有的时候会收到意想不到的效果。

比如说："你PPT中这个很炫的动画效果是怎么做出来的？"听到的下属不但很开心，并且愿意分享，产生了互动，感情就拉近了。

第十招，偶用非正式委派的方式赞美。

如果你能授予下属一定的管理权力，对方将更愿意追随你。

想象一下这样的场景，你的老板告诉你："最近我忙得不可开交，可眼下公司的大客户A又提出了新问题，如果不立即处理对方提出的问题，那么我们的损失会很大！这事儿交给别人我还真不放心，小孙你能不能组建一个小团队，帮我与A客户协调？"可想而知，临危受命的小孙会以多大的动力去处理这一非正式的委派。

同理，向下属进行非正式的委派，意味着你认可其在工作能力、判断力上的表现。更重要的是，授予任务往往是隐含的赞誉——这将大大提升他们的工作动力与自信心。

4 四类重点人群，教你如何赞美

（1）新入职员工多赞美

新员工加入团队之时，心理压力会非常大。由于对环境不熟悉，能力尚欠缺，因此犯错误的可能性更大。当新员工出现明显过失时，你是否认为予以斥责是理所当然的？管理者如果处理欠妥的话，就会让那些缺乏经验的新员工陷于恶性循环之中：因犯错误而受到指责——被指责后便退缩不前——缺点并未减少——被表扬的机会越来越少——丧失自信，越来越不能适应工作。

但是，如果管理者能够从另一个角度去看待这一问题，即要认识到新人毕竟没有经验，他们偶然犯错是情有可原的，而且这些员工最需要的是鼓励而非指责。所以，管理者应该挖空心思地去找出新人的一些优点并加以鼓励，这样久而久之，就能在部门内形成一种良性的工作氛围，并且能给新人创造一个最佳的成长环境。

一个儿童如果刚刚开始学走路，摔一跤就被骂，那么这个儿童可能很难学会走路。好孩子的成长是被夸出来的，优秀的新员工也是需要赞美来帮助他们克服恐惧、建立信心！

对于缺少信心的新员工，有优点要表扬，没有优点要尽量找些优点来表扬。表扬得多了，信心和热情建立起来，员工优点就会越来越多！

（2）暂时落后员工多赞美

我记得当年在学校求学之时，班上有优生也有差生。为了鼓励学风、砥砺士气，班主任总是喜欢表扬那些成绩优异的学生，而经常对班上的差生公开申斥，这种现象在当年学校里面很常见，而如今回想起来，确实有不妥，不少差生多年过去依然对于老师的冷漠记忆深刻，甚至出现很多学生将成绩不佳归咎于老师。对于学生而言，优生已经很优秀了，赞美可能让他们有荣誉感，但是对学生本人的促进效果是有限的，而作为一个差生，如果能得到老师额外的表扬和肯定，这种激励是能够让其刻骨铭心的，也会产生极大的激励效果。

其实，在团队管理过程中，也是如此。优秀的员工需要表扬，但是落后的员工其实更需要表扬。表扬对于落后的员工效果更大，因为称赞是一种力量，它可以督促落后的员工弥补不足、改正错误，而上司的冷淡和无视则会使这些人失去动力和力量，无助于问题的解决与缺点的改进。

另外，根据"木桶原理"，一个团队的效能，很多时候取决于团队里面的"短板"员工，也就是暂时落后的员工。团队里面的落后员工如果状态不佳、能力迟迟得不到提升，极有可能对整体绩效产生巨大的影响。适当地表扬鼓励落后的员工，也是一种非常行之有效的"补齐短板"的策略。对落后员工本人，以及对团队都是大有裨益的。

（3）态度突出员工多赞美

在现实中，很多经理往往只看结果，不注重过程，以成败论英雄，只去表扬那些取得了一定成绩的下属；却没有发现，有很多员工在工作中往往也付出了很大的努力，但是并未收到相应的成效，这种情况本身也会让员工产生挫败感。其实，这类下属是最需要上司的肯定与鼓励的。

我们认为企业要重视结果导向，要向结果看齐。但是，如果仅仅以结果来评定一个人的好坏，那是不公平的。有些下属的工作业绩虽然不理想，但他们的确努力过，对这些人管理者千万不能置之不理，也要适当地予以肯定和鼓励。

管理者在评价员工的时候，请记住：结果是结果，态度是态度。这是两个完全不同的维度。不可因为对方态度好，而忽视对方糟糕的结果；同时，也不可因为对方提供了糟糕的结果，而忽视掉其态度上的努力和付出。

要想成为一名出色的管理者，对待那些已经尽力甚至作出了巨大牺牲，但出于其他无法克服的原因而未能完成任务的下属，一次失败可能使他们丧失了自信，没有了斗志，如果管理者能适时地鼓励或者表扬一下，让他们明白自己的心血没有白费，他们肯定会重新恢复自信，找回自我。那么，下一次他们很有可能就不再是失败者了，而是成功者。

（4）任务达成员工多赞美

通常情况下，当员工在很认真地完成了一项工作或作出了一些成绩之后，总是希望能得到上级的赞赏，而一旦他们的这个期望落空就会产生一种挫败感,转而认为上司"只会去肯定那些表现优秀的员工,对我们这些普通员工根本视而不见"。因此,作为一个称职的管理者要善于利用各种机会对能够完成任务的普通员工进行赞美,这不仅是对他们的一种肯定和赏识,同时也表明了对他们的关心,而且这也是对整个部门工作的关注。

  有位教育家曾说:"我们若不断地赞扬年轻人,他们必会产生自信,此时,我们便予以严格督促。这样,他们仍会对自己的能力深具信心,因而能够摆脱低落的情绪,接受更进一步的指导。"对于下属,管理者应不吝啬赞美,自然大方地去赞美他们,哪怕只是一个小小的进步与成功。[①]

[①] 田成杰:《四类下属需要表扬》,载《企业家日报》2021年5月11日。

LING CHENG BEN
JI LI

第三章　负面激励：
要有"胡萝卜"，也要有"大棒"

1 管理者不应该做"好好先生"

很多管理者在激励员工时,信奉"南风法则",其主旨是:**温暖胜于严寒**。运用到管理实践中,"南风法则"要求管理者尊重和关心下属,时刻以下属为本,多点"人情味"。这样,下属出于感激就会更加努力积极地为企业工作,维护企业利益。

"南风法则"当然无可厚非。管理者在激励的过程中,在正常情况下,应是以正面激励的手段为主的,但是不得不说,负面的激励手段也具有强大的激励作用,它必须作为管理者激励链条中的一环,是不可或缺的。

而我们却发现很多管理者在向下管理过程中有以下三个典型的表现。

第一,说到不说破。管理者对下属提出工作要求时,不当面说明违反纪律的后果与处罚办法,而是喜欢绕来绕去扯一堆大道理。

第二,不能做到发现问题及时批评及时纠正。等到问题积累很多、难以收拾的时候,即积重难返时,再来发一些于事无补的脾气。

第三,没有用处罚手段。真正发现下属的问题了,没有勇气去处罚,语焉不详,首鼠两端。

在向下管理过程中,管理者一定要有"纠错"的勇气,让那些做错事的人能够认识到自己的错误，以便更有效率地做事。但人都有惰性、欺软怕硬等心理，这些都是大多数人或多或少存在的现象，管理者要纠正他人的错误，就要敢于提出批评，甚至处罚那些做错事的人，这就是我们俗话说的做坏人——不怕得罪人。否则，对方可能就不会把自己的"错误"放在心上。

中国古人讲：慈不掌兵，义不掌财。企业管理中敢于、善于做坏人的人很少，多数人愿意做好人。这就是我们管理上面临的最大困境：既想管理有效率，又不想得罪人。

从心理上来分析，当一个人犯了错，十有八九会受到处罚时，他就会尽量避免犯错误；当一个人犯了错，十有八九不会受到处罚时，他就有可能抱着侥幸的心理去试错，当员工有这样"侥幸"的心理时，糟糕的局面就出现了。

在很多团队中，是非分明却不能旗帜鲜明，明明员工的要求是过分的，是完全自私的想法，但管理层依然会迁就、退让，最多是好言相劝；明明是员工违犯了制度，但员工依然会和管理层强词夺理，找各种理由为自己开脱。做员工的既不敬畏"制度规定"，也不敬畏"领导干部"，这样的团队能有效率吗！

好孩子是管出来的，坏孩子是惯出来的。你让一步，他就会进一步，你认为这是"爱"，他却认为这是理所当然，是自己应当拥有的权利，如果你不"爱"了，他就认为你这是在为难他，不为他考虑。多少做父母的为自己的孩子所累？有的说起来让人心酸，而其中的原因恰恰在于父母自己。①

因此，管理者关于负面激励，需要建立这样的认知：

---

① 陈莉：《职场高层之"狠"与中层之"坏"的融合运用艺术》，载《领导科学》2020年第11期，第49-51页。

只有让员工知道什么是错误，他才有机会将错误变成正确；

只有让员工知道什么是平庸，他才有机会将平庸变成卓越；

只有让员工知道什么是底线，他才有机会将底线变成规范。

作为管理者，要真正地去关心、去爱我们的员工，但是这并不代表，这种爱是没有底线的。好的管理者一定是有自己的底线，有自己的是非观，有自己的原则。

真正对工作、对下属负责的管理者，敢于做以下三件事：

第一件，事先对下属提出明确的目标、标准、要求，敢于说狠话，明确告知违纪与完不成任务的后果。就像部队长官，在作战指挥下令时常说的一句话，"完不成任务，提头来见"，决不含糊其词，把丑话说在前头，把规则说在前面。当然，管理不同于作战，管理者的措辞是刚硬还是柔软，可因人、因事、因管理风格而定。

第二件，敢于严格监督，及时发现问题，及时纠正问题，及时照章处罚，以免积重难返。古话说"凡百事之成也，必在敬之"，管理者的首要任务之一，就是培养员工对制度的敬畏。有些企业存在一些老问题，反复出现，主要原因便是中低层干部不愿做"恶人"，该罚不罚。这会导致，下属既不敬畏制度规定，又不敬畏上级领导，管理就会失控，管理者不仅要有"制法"的智慧，还要有"护法"的勇气。

第三件，敢于及时撤换、辞退不合适的干部与员工。当发现部属确实无法胜任某项工作时，一定不能首鼠两端、踌躇不决，要尽快决断，及时地撤换和辞退，既是对员工负责任，也是为企业及时止损。

总之，我们不提倡管理者在管理中一味地做"老好人""好好先生"，管理者的激励除了要有"胡萝卜"，也应该有"大棒"。"胡萝卜"是温柔的爱，而"大棒"是严肃的爱，两手都要抓，两手都要硬，这两种是部属激励中互相依存且不可偏废的激励手段。

2 批评时不可不知的"热炉法则"

01	02	03	04
预警性原则	一致性原则	及时性原则	公平性原则

图 3-1 批评时的"热炉法则"

及时的批评是对部属的当头棒喝,可以避免其滑向错误的深渊。那如何批评,可以让批评的激励效果达到最大化呢?我们推荐管理者在批评的时候谨记"热炉法则","热炉法则"包含以下四项原则。

(1)预警性原则

烧热的炉子摆在那里,一看炉子烧得通红通红,吱吱冒青烟,让人警惕,你就知道这个不要碰,一旦碰了就要受伤,事先就给你一种明示或者警告。

管理也是如此,公司不能把规章制度锁在抽屉里,惩罚时再拿出来。制度一定要事先不断地宣传、公示、引导、宣灌,从正反两面进行引导，让员工事先知道，并且接受，批评处罚才能服人。

孔子说："不教而杀谓之虐"，孔子认为做父母亲的没有告诉孩子该怎么做和不该怎么做，不提前告知劣行的后果，结果孩子做了不该做的，父母去惩罚子女，这是"不教而诛"，不教而诛其实是在虐待子女。管理者在向下批评之中，也应该做好预警、做好培训，只有这样，部属才会觉得管理者的批评是在执行规范，而不是针对其个人。

孙子带着自己所著的兵法进见吴国国王阖闾。阖闾要孙子通过训练宫女来检验他的兵法。于是，选出宫中180个宫女。孙子将其分成两队，并选了吴王宠爱的两个妃子担任两队的队长，命令每个人都拿着戟。孙子讲清楚了训练的动作要领，三番五次地宣布了纪律，并把用来行刑的斧钺摆好。于是击鼓命令向右，宫女们却哈哈大笑起来。孙子说："纪律不明确，交代不清楚，这是将帅的罪过。"又细致地讲了纪律，然后命令击鼓向左，宫女们又哈哈大笑起来。孙子说："纪律不明确，交代不清楚，这是将帅的罪过；既然已经再三说明了纪律而不执行命令，那就是下级士官的罪过了。"于是孙子不顾吴王的反对，杀了他的两个宠妃示众。在孙子接下来的训练中，无人敢再笑，所有的动作都符合规定的要求，队伍训练得整整齐齐。阖闾知道孙子善于用兵，终于用他为将，孙子的威信也从此建立起来。

宫女们为什么提前对法规不尊崇，因为她们不知道做不好有什么后果。那后来宫女们为什么训练得当呢，因为她们清晰地了解了不听从指令的严重性。这就是提前告知"踩红线"的后果。

最好的法规是所有人都知道它的残酷性，因而没有人去触犯。

负面激励预警做得越充分，大家对越界行为越审慎，负面激励的效果就越好！

（2）一致性原则

这烧红的炉子，只要你去摸，必定会受伤，不会今天摸受伤，明天摸不受伤。后果具有一致性。

引申到我们的管理里面，规章制度要一以贯之，前后松紧要一致，不能前紧后松，也不能前松后紧。否则的话，大家就有了侥幸心理，就会让规章制度出现漏洞。

（3）及时性原则

当某人碰到烧热的火炉时，立即就会被烫伤，这个过程是非常快速的。管理制度也是如此，员工违反规章制度，必须立即惩处，不能拖延，这样员工才会把惩罚和错误紧密关联。

如果违反制度的行为与处罚之间间隔时间过长，就很难收到好的惩戒教育的作用。及时性一般要求管理者批评惩罚时遵循"三天有回音，一周有下文"的原则。一些特殊的过错，甚至可以做到更快！

（4）公平性原则

不论是谁触碰了热炉，都会被烫伤，热炉不辨亲疏，不分贵贱，一视同仁地对待每个人。在企业管理中，应遵循"王子犯法与庶民同罪"，管理者在应用批评激励时，不可对一部分人宽松，面对另一部分人严格。管理者如果因为对方是特殊的群体，而采取不同的宽容标准，那么其后面的负面激励就会受到质疑。

一家合资企业根据"热炉法则"制定了严格的规章制度，但在第一次实施中就遇到了难题。一位中方员工由于本人的疏忽，给公司造成了损失。按规定应该惩罚，但中方管理人员战战兢兢，不敢决断，因为那位员工是外方经理的妻子。在中国文化中，人情重于原则，主管人员觉得实在难以拿经理妻子"开刀"。但如果不处罚，以后员工就不会服从，员工本来就觉得这种铁面无私的规章是摆门面的，如果真的实施起来，会得罪人的。在人情与原则的冲突中，主管把情况汇报给经理，没想到经理对他汇报的这件事感到很惊讶："这么简单的一件事，你直接按规章办不就可以了吗？不用请示我了。"主管如释重负地走出了经理办公室。

谁碰烧热的火炉，它就烫谁，一视同仁，对谁都一样，和谁都没有私交，对谁都不讲私人感情，所以它能真正做到对事不对人。当然，人毕竟不是火炉，不可能在感情上和所有人都等距离。不过，作为管理者，要做到公正，就必须做到根据规章制度而不是根据个人感情、个人意识和人情关系来行使手中的奖罚大权。

3 如何批评，员工不反感又积极改善

热炉法则是管理者在批评时的指导法则，批评在具体操作时又该如何执行呢？很多管理者并非不知道批评激励的必要性，但是批评毕竟是很敏感的激励工具，操作得当则能起到良好的激励作用，让员工"知耻而后勇"，但是如果操作不当，则有可能让员工感觉到管理者是在针对自己，恶化彼此的工作关系，甚至导致更为严重的僵局。

在使用批评激励部属时，掌握一定的技巧是很有必要的。今天在这里给大家介绍一个用于批评的沟通工具：发展性反馈，也就是BID反馈。

图3-2　BID反馈示意图

第一，发展性反馈的第一个关键要素B，代表Behaviour，意思是行为。

行为非常重要，这也是我们常说的批评要对事不对人的重要标志。我们的管理者在平时的工作中习惯性地会说，你做得太差了，你太粗心了。这些都是对人的否定，会引起对方的防御反应。在描述行为时还要注意不要把行为和评判混淆，"总是、一直、从来"这样的词语就属于批判的范畴，例如管理者不要说：你总是迟到，下属听到这样的话会觉得不客观。对方会反驳说：我昨天没有迟到啊！在家里也是一样，老婆对老公说：你总是不关心我！老公反驳说：我结婚前很关心你啊！

发展性反馈必须是对具体行为的描述，你要说："我最近组织了三次活动，每次都听到你说不愿意参加！"

当你能够指出对方需要改善的具体行为的时候，对方觉得描述是客观的而没有进行夸大，就不会立刻生出反弹之心，也清晰地知道需要改变什么。

第二，发展性反馈的第二个关键要素I，代表Impact，意思是影响。

影响是强调对方的行为对他个人以及对团队产生了怎样负面的影响，让他产生改善行为的内在动力。

第三，发展性反馈的第三个关键要素D，代表Desired Behaviour，意思是期待。

期待也要具体，比如，说：我希望你能提前一天完成这份报告。而不要说：我希望你早点完成这份报告。

再如，说：我希望你能提前15分钟到这里。而不要说：我希望你早一点来。

李工，这次统计考勤有12个数据出现了错误（描述行为），这导致主管们要一一做解释，并且下个月要调整考勤数据；还有一些研发工程师的个税，也因为这个情况，连续2个月都要纠偏。更重要的是，一旦这里面有本月多发工资的人自动离职，无法追回多拿的钱，那势必会给公司造成损失（告知影响）。我希望你今天上午10点前就主动联系这些研发工程师，协助主管做好道歉、解释和承诺工作，下个月工资一定要调整到位，不留尾巴。同时在今后统计考勤的时候，每个数据都确保正确无误（提出要求）。

利用发展性反馈来替代传统的批评，可以给员工两种感觉。第一，领导的描述是真实、客观存在的，而不是夸大其词，也不是针对自己的，更能够让员工接受。第二，发展性反馈没有了关于错误的纠结，它是未来导向的，让员工感觉到领导提出这个事情不是为了惩罚我、斥责我，而是真正为了跟我一起商量出可行的应对策略。基于这两点，我们发现，利用发展性反馈来替代传统的批评，会让下属好接受得多，而且后期改进的热情也更高！

简单来说，这背后的原理就是让员工坚信管理者是这么想的："你不是坏人，你不是无能，你只是暂时做错了事，我也相信你有能力改正并做得更好。"

BID批评法已经被诸多的管理者证实为是一种简单易操作、行之有效的批评工具。但是管理者在具体的批评之时，遇到的员工性格各有差异，批评的缘由也五花八门，有的时候管理者也需要采用更加灵活的方式来表达自己的批评。基于此，接下来再给大家介绍八种不同的批评方式：

（1）欲抑先扬，轻松批评

先表扬，然后在表扬中进行批评教育。这种批评方式针对有如下特征的员工：平时表现良好，出现失误只是偶尔的事情。而且，此类员工又很爱面子，不愿意接受批评。采用先表扬的方式是维护其面子，避免其生出强烈的对抗意识。

（2）鼓励为主、批评为辅

多鼓励，给其指出正确的做事方法，相信他能改正错误。有些员工性格内向，不经常与同事、领导交流，有一定的自卑感，但是在工作中却是积极向上的，一般都能努力完成工作，出现错误的根本原因是因为不自信，放不开手脚。针对这类员工的问题，以鼓舞其信心为主，批评作为辅助！

（3）关心为主、批评为辅

有些员工性格孤僻，平时工作中不太积极，遇到困难时喜欢逃避。员工出现错误时，管理人员应及时地给予关心，在关心中指出不足。

（4）检查跟进、批评随行

有些员工比较灵活，性格外向，平时工作比较积极认真。但是工作中出现问题时，也喜欢"偷懒"，不愿意承认错误。针对这类员工，管理者要多布置任务，布置之后，要抽查、暗访、检查其工作的进展，及时将出现的问题摆出来，暗示他应该注意改正自己的错误。

（5）先明情由、慎下批评

作为管理人员经常会听到来自员工的"小报告"，比如"××在上班时间经常和同事聊天打闹"等。有一些领导不问青红皂白上来就批评表现不好的员工。其实，最理智、最有效的做法应该是先不动声色，装作什么事情也没有发生。经过深入了解后，再进行处理。在没有充分地了解真相之前，批评务必审慎！

（6）寓教于言、批评改过

员工的工作出现失误时，应该及时地与其沟通，详细了解问题的症结所在，然后一起想办法解决，帮助他们克服困难，摆脱心理障碍。请务必记住，批评的目的是改善，而不是打击！

（7）要听辩解、杜绝借口

如果你的员工在犯错误之后，一直很想向你解释其中的原因。管理人员应该给予充分的理解，而不是很武断地甩出一句：我不听你的借口。管理者应允许其将理由讲解完毕。有了领导的理解，相信员工会有很轻松的心态去努力纠正错误。当然，如果其理由并不是很充分，在听其讲解完毕后一定要让其明白这样一个道理：任何理由都是借口，唯一的补救措施就是改正，避免再次犯错。

（8）尊重员工、批评对事

其实，员工犯错误并不可怕，可怕的是领导能不能正确处理。无论是谁犯错误，也不论错误是否严重，管理人员都应该在尊重员工的前提下，以同事、朋友的身份帮助其改正错误，做到对事不对人。

4 管理者如何做到严格要求、合理惩罚

（1）用严格的要求来促动员工

负面激励不仅仅是批评，管理者对于下属有严格的要求和规范，这对于员工而言也是一种负面激励。

SpaceX的创始人埃隆·马斯克情绪反复无常，公司的员工都认为他对待下属太过苛刻，缺少宽容。马斯克对待做事达不到他标准的员工，表现出随时可以让其滚蛋的姿态，他经常说："如果你想解雇某人，就应该马上解雇，否则只会浪费彼此的时间。"所以，了解他风格的员工都清楚，在马斯克手下做事，必须提起十二分精神完成，而且要完成得漂亮，否则就面临被解雇的风险。而在马斯克的高标准严要求之下，SpaceX创造了一个接一个的商业奇迹。

同样的还有华为公司的创始人任正非，任正非给员工提出了16项高标准，正是在这16项高标准的要求下，华为公司才培养出了一支高水平、敢打仗、能打仗的"狼性团队"。

上司的挑剔，使得下属做事更有可能精进，对自己的要求也会越

来越高，而不是随便应付了事。久而久之，专业能力会保持较高水准。

领导有对员工严格的要求，才会促使员工的快速成长。"使我痛苦者，必使我强大"，高要求的领导才能逼出员工能力，开发员工潜力，而如果管理者是一个宽容，好脾气，不会"骂人"，不愤恨，不劝告，听之任之的"大好人"，那也许就埋没了员工的潜在能力。因此我们提倡，管理者必须要求下属：高标准、严要求、真本事。

高标准：管理者要帮助员工提升，前提还是要完成组织交代的任务，这两者是密不可分的。所以管理者对于任务的标准要高，要能超过组织的期望，或者要以更少的投入来完成任务，这就是高标准。

春秋战国时期的耕柱子是墨子最出色的门生之一，但他平时却被墨子责骂最多。耕柱子为此感到非常委屈，他不理解自己做得并不比别人差，为什么老师总挑自己的毛病。

一次，墨子又对耕柱子发火了，耕柱子忍不住问："老师，我真的就那么差劲，以至于您每天都要训我吗？"

墨子听后反问："假设现在要去太行山，我是应该驱策良马呢，还是驱策老牛呢？"耕柱子答："当然是驱策良马。太行山路远，唯有良马可担此大任。"

墨子笑着答："我时常责骂你，正是因为你能担负重任，值得我一再教导匡正。"耕柱子这才恍然大悟，倍感宽慰和激励。

管理者对员工提出较高的工作标准，对于员工而言，压力会更大，但是高的工作标准也会给员工带来积极的心理暗示。

严要求：标准确认过后，就是执行了。在执行的过程当中，一定要严要求，不能轻易放松或者退让，标准就是标准，一定要努力想办法做到。管理者需要与员工一起确认计划，并监控整个过程，要本着第一次就把事情做好的原则，按计划逐步向前推进，通过严格的过程管理达到理想的结果。

真本事：要想做好工作，达到高标准，员工必须要有真才实学。管理者的作用就是提供资源来培训与辅导员工，让员工熟练掌握相关技能，能够胜任工作并且高效地开展工作。

所以，管理者应该对员工提出"高标准，严要求，真本事"的要求，"高标准，严要求，真本事"是一种压力，但强大的压力也会催生出蓬勃向上的动力。

（2）用合理的惩罚来震慑员工

在对员工的负面激励发放中，除了批评、严格要求，必要的惩罚也是负面激励手段之中必不可少的一环。

很多管理者视惩罚员工为苦差，而选择逃避惩罚举措，希望问题会自动解决。事与愿违的是，这样做往往只会使问题越来越严重。在企业内，富有经验的管理者能够圆满解决惩罚问题，使其对企业、对员工都有积极良好的影响。员工工作中如果确实达不到管理者的要求，出现错误，管理者该如何惩罚呢？请务必注意以下几点：

第一，解雇不可轻率鲁莽，务必审慎。

逃避的管理者，会干脆解雇那些问题员工。这种做法对企业有一定程度的伤害，除了损失一个有生产力的员工以外，企业内的人才流失、创造力及员工归属感都会萎缩。当然，在你盛怒的时候，解雇他看来是最好的做法，可是，你无法确定能聘回一个比他更好的人。其实，即使可以，你和你的团队都不免要付出更多的时间和金钱，解雇是处罚的一种重要方式，但是不要动不动就放在嘴边。

第二，惩罚有的放矢，忌只泄私愤。

惩罚不一定变成糟糕的事情，其目的是让员工和企业一起成长。

管理者在行处罚之前，先要复核自己的目标：通过惩罚或训斥，你希望员工学习到什么？确立了目的，再定出惩罚方式，这样，惩罚对员工来说，会变得有意义得多。比如，我们常见的要员工"写份检讨"这种处罚方式，很多时候是没有意义的，根本达不到我们处罚的目的。

另外，惩罚不能是仅仅为了发泄管理者的情绪，在每一次惩罚之前，管理者必须确认这一点。如果该种惩罚对员工的改进不利、对团队的发展不利，仅仅只能达到让管理者自己"爽"一下的目的，那管理者一定要三思而后行。

第三，给其辩解的机会，再行惩罚。

员工绝大部分情况下不会自动改变，因为他们不懂得如何改变。在讨论时，管理者应先征询他们是否有好的改善方法。不过，管理者必须事先有一个帮助他的大致方案，此举会使员工感到，你的确关心他的问题。因此，员工会欣赏你，并愿意改变。

但是，作为管理者的你，也要有一定的心理准备。人在面对惩罚时，其反应多是维护自己，无论实际上他的行为是对还是错，给下属五分钟时间，仔细聆听，然后告诉他问题所在以及解决的办法。不问青红皂白，不听半句辩解就痛下杀手，即使员工敢怒不敢言，也会在员工的心里埋下一颗后患无穷的"雷"！

第四，处罚必须跟进，切忌追踪"烂尾"。

要确保员工切实地改善纪律问题，管理者还需要清楚员工的"死穴"所在。所谓"死穴"，便是员工在工作上最关心的地方。在讨论时告诉员工，如他不能在限期内改善他的纪律，他将面对什么后果。

例如，员工最关心自己在公司中的晋升机会，便可告诉他"如不能改善的话，你两年之后晋升可能会有很大障碍"。这样做，目的是鼓励员工努力做出改进。另外，在处理纪律问题时，管理者常犯的错误是没有对问题做出跟进。

管理者可以告诉员工："请在一星期内，安排下一次会面时间。"

轻视跟进工作，只会显得管理者不重视问题，员工也同样会敷衍了事。不过请牢记，如果在下次会面时，员工确实有了明显改进，切勿吝啬你的称赞。

LING CHENG BEN JI LI

第四章　荣誉激励：
学会给员工发"勋章"

1 给我足够的勋章，我能征服全世界

提到利用荣誉对员工进行激励，可能有人会嗤之以鼻。有人可能会说："这都什么年代了，大家都在乎实在的，还有人在乎荣誉吗？"

这种质疑其实是站不住脚的，大家不妨回忆一下。你是否还记得，在年会或表彰会上，当从领导手中接过奖杯时，有很多人依然激动得语无伦次甚至热泪盈眶；你是否还记得，曾看到你的朋友在朋友圈里分享自己登上领奖台时的照片；你是否还记得，在去别人的办公室和家里时，很多人习惯把那些只有几块钱成本的奖杯摆在最显眼的地方。人天生是渴望荣誉的，从我们幼儿园时期孜孜以求的"小红花"开始，我们一直都在尝试着获得他人的肯定和尊重。

知名女企业家玛丽·凯曾说过："世界上有两件东西比金钱和性更为人们所需——认可与赞美。"能真诚赞美下属的领导，或是能给予员工某种荣誉的领导，会使员工们的心灵需求得到满足，并能激发他们潜在的才能。

人类作为一个社群性动物，对荣誉是有天生的渴求的。马斯洛的需求层次理论中，第四个层次的需求就是：尊重的需求。当一个人的尊重需要得到满足时，就会产生自信和满足感，使自己觉得自己在这个世界上有价值、有力量、有能力、有位置、有用处，而不是无足轻重的一分子。而荣誉激励是通过满足人们内心的被尊重的需要而进行激励的。尊重意味着能够发现员工的独特禀赋。

拿破仑非常重视激发军人的荣誉感，经常用给予荣誉的方式来激励他带领的军人和军官。他曾经说过："**给我足够的勋章，我就能征服全世界**。"他主张对军队"不用皮鞭而用荣誉来进行管理"。为培养和激发军人的荣誉感，拿破仑会对在战场上表现突出而获得军功的官兵，毫不吝啬地进行荣誉表彰，并且将他们的英雄事迹，在全军进行通报和宣传，这就使得获奖官兵的荣誉被尽可能地放大，获得荣誉的官兵会认为自己是有价值的，而这一认知将激励他们在下一场战斗中更加英勇地作战。

从员工的动机来看，每个员工都具有自我肯定、争取荣誉的需要，荣誉激励的本质就是通过一种公开的方式承认员工的贡献。这种对员工贡献公开承认的做法只需要很少的成本，但激励效果却相当显著。

任正非说："仪式与勋章创造荣耀感，荣耀感可以激发出更大的责任感与使命感。"作为一位管理者，对于员工没有必要太吝啬一些头衔、名号、称号，因为一些名号、头衔可以换来员工的被认同感和归属感，员工会感觉到这一段时间的进步、奉献、成绩是被领导和团队认可的，从而激起员工的干劲。

每个人都有一定的虚荣心和荣誉感，而一个令人满意的头衔或是名号就可以很好地起到激励员工、提升员工工作热情的作用，所以，不要吝啬头衔和名号，荣誉激励的性价比如此之高，管理者何乐而不为？

2 荣誉激励不可不知的五大法则

日本著名实业家稻盛和夫先生认为，为工作成绩突出的员工颁发荣誉称号，强调公司对其工作的认可，让员工知道自己是出类拔萃的，更能激发他们工作的热情。

员工感觉自己在公司里被重视是决定工作态度和员工士气的关键因素。管理者在使用各种荣誉头衔时，要有创意一些，可以考虑让员工提出建议，让他们接受这些头衔并融入其中。荣誉激励是在成就一种荣誉感，荣誉产生积极的态度，而积极的态度则是成功的关键。

荣誉激励的五大法则图

有些管理者依然顽固地认为荣誉激励没有价值，事实上并非如此，而是他根本没有掌握给员工发"勋章"或"小红花"的技巧。那到底应该怎样发呢？我认为要参照以下五个基本原则。

（1）具体聚焦原则

我在企业授课时，对很多管理者做过调查，发现基本上所有的企业都是有荣誉激励的，但诸多企业的荣誉评比存在项目老套、内容含混、针对性不聚焦、个性化彰显不足等问题。

例如，优秀员工、优秀管理者、劳模、优秀团队、优秀党员、先进单位等奖项是很多企业的常设奖项，这些奖项的设置具有一定的激励价值。但是，如果企业的荣誉激励仅停留在这个层面上，则是不够的。这些荣誉往往是一个总体性的、综合性的奖项。如果奖项全部按照这样进行设计，有三大弊端。首先，奖励表彰不具体，就像赞美一个人时泛泛而谈，获得荣誉主体的获得感不强。其次，奖项表彰不具体会导致评价指标模糊混乱，奖项的公正性受质疑。最后，奖项表彰不具体，表彰内容大而化之，荣誉对团队其他成员的激励作用将会大打折扣。

在这方面，我们可以向每年的奥斯卡奖项的设置学习，奥斯卡除了像最佳影片、最佳导演、最佳男主角、最佳女主角这些大而全的奖项以外，还有最佳外语片、最佳化妆、最佳配乐奖、最佳音乐、最佳音效剪辑、最佳音响效果、最佳视觉效果、最佳艺术执导等这些细分而具体的奖项。而这些奖项基本涉及电影艺术每一个环节的参与者。因此，尽管奥斯卡每年的奖项有二三十项之多，但是大家依然觉得这个奖比较"实"，而且对整个行业的人都能起到激励作用。

（2）放大宣传原则

要想荣誉激励能够显现出真正的价值，就必须放大宣传。一个奖杯，如果在私下静悄悄地发给员工，那就是一个几块钱的有机玻璃，没有任何激励的价值。但是如果是在大家的掌声簇拥之中、音乐铺垫、灯光闪烁之下，从领导的手中接过那座奖杯，那此时这座奖杯就变成一份对于员工工作的肯定、一种对于员工价值的认同、一份沉甸甸的荣誉。

有一家中资企业到非洲投资建厂时，遭遇了一个始料未及的窘境。由于当地员工受教育程度低，职业素养很差，经常无故旷工、迟到，很多员工根本没有按时上班的概念，甚至连看表的习惯都没有，导致工厂根本无法管理，生产受到严重影响。

面对这种情况，公司的管理层想尽办法，可谓软硬兼施、奖罚并举，但是始终不见效果。最后，管理层用了一个国内的老套路：评劳模。公司里面，把按时上下班、遵守公司上工制度的员工评为劳模，而且给带上大红花。这家企业会邀请当地的政府机构将大红花直接送到员工家里，在送红花的时候，还跟着一支声势浩大的颁奖队，一路之上锣鼓喧天、鞭炮齐鸣。而且，这些获奖员工的照片会放到公司的官网上，公司出资专门设了一个名人堂，在名人堂里贴上获奖员工的照片，并邀请当地的媒体去报道。

采用这种组合宣传的模式之后，结果如何呢？令人诧异的是，用金钱奖励、严惩手段均没有办法解决的问题，居然很快得到了解决。工人们看到按时出工带来的巨大荣誉效果之后，纷纷效仿，没过多久，这个问题就得到了圆满的解决。

由此可见，扩大宣传能增强荣誉带来的激励效果。如果我们能够让荣誉获得者的家人、同事、朋友都感受到这份荣誉，那这份荣誉的激励价值将会被大大地放大。

（3）多维多面原则

企业在实施荣誉激励时应尽量做到多维度、多面向，而不应旱涝不均。在企业里面，有的岗位工作成果是比较显性的，如销售业务性的团队，他们的工作成果很好衡量，因而特别容易被注意到，因此我们发现很多企业在进行荣誉激励的时候，会把销售这种类型的员工的成绩放到聚光灯之下，他们也更容易得到一些荣誉的表彰。但是不得不提到的一点是，一个团队目标的达成，虽然有主次分工，但是离不开每一个环节的服务，一些在"灯火阑珊处"的幕后英雄也应该得到公司的相关荣誉激励。

例如，我们在奖励团队的优秀员工的同时，还可以设置：最佳支持奖、最佳服务奖、最佳辅导奖、最佳配合奖、黄金搭档奖、新锐奖、奋斗奖、感动人物奖等，奖励那些在不同岗位上有突出进步和贡献的员工。

团队的荣誉激励应该是多维度、多面向的，在主次分明的前提下，也应该注意到不同人的奉献，尽量做到让每一个岗位和职责上的付出，都有能够获得"雨露均沾"的表彰机会。

华为公司的荣誉激励就做得很好。在华为公司内网上有一个栏目，叫荣誉殿堂。它会把各类获奖信息、各种优秀事迹记录下来，供大家随时查阅和学习。华为很多荣誉的奖项都是由任总亲自确定设计方案并颁发的。大家可以看看华为都有哪些典型奖项。

第一，蓝血十杰奖。这是华为管理体系建设的最高荣誉奖，旨在表彰那些为华为管理体系建设作出历史性贡献的个人。

第二，金牌团队和员工奖。这是华为授予员工的最高荣誉奖，旨在奖励为公司持续商业成功作出突出贡献的团队和个人，是公司授予员工的最高荣誉性奖励。金牌团队和个人评选的标准为个人奖由每百人中评选出一人，团队奖由每400人中评选出一个金牌团队。2015年，华为有1736名金牌个人、495个金牌团队（共计5017人）获得表彰。

第三，天道酬勤奖。该奖设置的目的主要是激励长期在外艰苦奋斗的员工，其评选标准包括在海外累计工作十年以上，或者是在艰苦地区连续工作六年以上，或者是承担全球岗位的外籍员工，或是全球流动累计十年以上的人员。

第四，明日之星奖。明日之星的设计目的，主要是营造人人争当英雄的一种文化氛围，有人的地方就有英雄，因此华为对明日之星的评选并不追求完美，并且主要针对刚刚入职的员工，只要他们身上表现出闪光点，只要他有符合华为价值观的行为，就可以参加民主评选，其覆盖率可以达到80%以上。

第五，从零起飞奖。这是华为很有特色的一个奖。2012年，华为年销售收入离目标还差2亿多元，虽然业绩依然在稳步增长，但余承东等高管还是自愿放弃了年终奖，把目标当作军令状。为此，任总在2013年1月的市场大会上，亲自给余承东等高管颁发"从零起飞奖"。用以表彰那些经历奋勇拼搏，虽然取得重大突破，但结果并不如意的人。首批获奖人为：徐文伟、张平安、陈军、余承东、万飚，获奖的人员2012年年终奖金为"零"。

第六，其他各种奖励。除了以上奖励以外，华为还有英雄纪念章、史今班长与劳模奖、杰出贡献奖、优秀家属奖等多种荣誉激励的方式。①

华为的荣誉奖项涉及方方面面，以奖励那些在岗位上作出了突出贡献的人，让他们享受到一种被关注、被肯定的荣耀感。

当然，奖项的设计是灵活多变的，不同的企业所处的行业不一样，内部的情况也不一样。管理者可以发挥自己的奇思妙想，设置一些本公司特有的荣誉。例如，在2020年的新冠肺炎疫情之中，公司也可以根据员工在艰难时期的表现，特别设置抗疫逆行奖、降本增效奖、销售攻坚奖等奖项，为那些在特殊时期作出突出贡献的人喝彩！总之，你希望弘扬、复制怎样的行为，就可以为这种行为设置奖项。

（4）增频增覆原则

我在企业培训时调研发现，很多企业的荣誉激励基本一年只做一次，主要集中在年末，在公司年会上集体性地对本年度的榜样人物做一下荣誉表彰，这个反馈的周期是相对比较长的。

反馈的周期越短，对象的欲望其实是越强烈的。人们之所以能很轻松地连续嗑一小时瓜子，却很难专注地连续学习一小时，主要是由于嗑瓜子的反馈时间短，而学习的反馈时间长。也就是说零食只要一吃下去，身体和心理马上就能感受到好处，而学习的好处却需要比较长的时间才能反馈出来。这就是人们愿意连续嗑瓜子却不

---

① 余胜海：《华为的成功就是分钱分得好》，载《经理人》2020年第6期，第64—66页。

愿意坚持读书和学习的原因。

基于此，我们在对团队进行荣誉激励时，不妨尝试着增加频次。有很多企业为了更好地进行激励，在年度荣誉激励的基础上，增加了季度激励、月度激励。我服务的有些保险类的企业，基于其行业特殊属性，甚至将频次调整到每周一次。

在增加频次的同时，荣誉激励还可以不同程度地增加激励的面。很多企业里面荣誉激励尽管有，但覆盖面很有限，员工如果想争取到一个荣誉，是非常艰难、概率极小的一件事情。我在很多企业做调研时，发现诸多企业荣誉激励的覆盖面（个体获得荣誉的人数占总体人数的比重）不到5%，甚至有大批的企业只有1%—3%，从某种意义上而言，这降低了荣誉激励对整个团队的效果。

所以管理者可以适当增加获得荣誉激励的概率，适当降低部分荣誉获得的门槛，让更多的努力和进步能够被一份荣誉所肯定。

（5）虚实结合原则

荣誉激励是管理者进行团队非物质激励的重要手段，如果能适当、适量地结合物质激励，将会收到更好的效果。

正如任正非所说的那样：我们崇尚雷锋精神、焦裕禄精神，并在公司的价值评价及价值分配体系中体现，决不让雷锋们、焦裕禄们吃亏，奉献者定当得到合理的回报。

荣誉激励结合一定的物质激励，做到虚实结合，将会使员工的获得感、满足感更加强烈。

3 巧发荣誉的七种技巧

（1）赋予员工荣誉称号

针对我们的激励表彰对象，我们可以赋予一定的荣誉称号。这也是目前荣誉发放的主要表现形式之一。常见的比如，劳动模范、服务之星、业绩冠军、优秀管理者、创意天使、智慧大师、霹雳冲锋、完美佳人、优秀团队等，以标签化的方法赋予表彰对象荣誉的光环。值得注意的是，荣誉称号必须在公开场合颁发并进行宣示，否则就产生不了激励的效果。

（2）颁发聘书和证书

证书代表着一种认可，是一种荣誉，人都比较注重荣誉，这是他的需要之一，所以颁发证书或者聘书，也成为激励员工的一种有效的方法。证书的种类和名称一般不受限制，关键是要让员工感受到一种认可和尊敬。

（3）建立荣誉墙凸显

借助荣誉墙来激励员工，辉煌的历史值得凸显。如果自己的辉煌历史受到了认可、宣传和珍藏，那么主人翁将受到很大的激励。借助公共场所里的荣誉墙记载、宣传、珍藏员工的优秀事迹，将对员工产生很大的激励作用。

（4）在公司官网和内部刊物公示

可以在公司的网站上开辟专栏进行优秀员工的公示，尽量做到文字和图片并举。随着大家的阅读从电脑端走向手机端，很多企业有内部的微信公众平台，也可以在微信平台上进行必要的公示和宣传，或者利用内部刊物、报纸、宣传品进行相关的宣传。

（5）利用其名字进行专属命名

用人名命名某项事物，在科学史上已经成为惯例，这是公认的对科学家的最好的纪念，比如诺贝尔奖、拉斯克医学奖等。在企业里面，也可以用来进行荣誉激励。

联邦快递是全球大型快递公司，拥有650余架货机，联邦快递的管理者们决定，用公司优秀员工子女的姓名来命名这些飞机。公司的员工如果表现突出，就可以用自己一个孩子的名字来命名一架货机。试想一下，作为一名父母，有一架在全球飞行的大飞机是以自己孩子的名字命名的，这该是多么大的荣耀和诱惑？联邦快递的这个激励手段成本非常低，但是却对很多联邦快递的员工产生了激励作用。

中国海尔公司也是这项激励措施的先行者。早在21世纪初，海尔公司就想到了提升公司的创新速度、不断改进员工的工作方式。海尔选择以命名的方式进行荣誉激励。这种激励方法让员工耳目一新，心生踊跃，因此创新热情高涨。在海尔内部，启明焊枪、晓玲扳手之类的创新也应运而生。仅2002年，海尔以员工命名的操作法就有200余项。

（6）制作特殊的徽章或纪念品

为一些特别荣誉的获得者制作相应的勋章或者是纪念品，也会让员工感觉到荣誉带来的满足感。

阿里巴巴公司为了奖励员工对于阿里的忠诚和付出，为司龄满一年的员工颁发一年香徽章，寓意一年的味道，像新封的美酒，悄悄地散发属于自己的芬芳；为司龄满三年的员工颁发三年醇吊坠，寓意三年的酒，醇厚浓郁，三年的人，温润如玉；为司龄满五年的员工颁发五年陈戒指，寓意五年之中体味过许多成功的快乐，经历过许多成长的烦恼，相信相信，坚持坚持，追逐梦想的路上，把最痛苦的磨炼，熬成了人生最大的财富。

阿里巴巴将荣誉物化成一个具有特殊纪念意义的饰品和纪念品，为荣誉又赋予了更加深厚的内涵，也加大了荣誉激励的效果。

（7）设置特殊的群体名称

有一些企业也为一些达到特殊标准的优秀员工设置一些群体荣誉，这也能起到很好的激励作用，如百万业绩俱乐部、千万业绩俱乐部、雏鹰管理者俱乐部等。能跻身这些群体本身就是一种荣誉的象征，也鼓舞着公司的全体员工向着这个目标进发。

深圳某知名企业在销售团队之中设置100万业绩俱乐部，团队之中的所有销售人员只要当年业绩突破100万元，就将荣耀地跻身该俱乐部，公司不光在公开区域对俱乐部会员进行展示，还为俱乐部成员提供年终集体公费出国旅游的福利。这项措施对于加入年限不是特别长的团队成员产生了极大的激励作用，大家将能进入俱乐部作为一种荣耀，在年初规划年度目标时，很多成员将此作为当年的冲击目标。2019年年底，在年终业绩即将结算之前，很多员工离达成这个目标还有一定程度的缺口，但是一想到能进入一个这么荣耀的俱乐部并享受旅游的福利，很多的员工会全力以赴地挖掘自己的客户资源，最终大部分员工顺利地越过门槛，实现了员工和公司的双赢！

另外，美国IBM公司也有一个"百分之百俱乐部"，当公司员工完成他的年度任务，就会被批准为该俱乐部会员，他和他的家人将被邀请参加隆重的庆典。结果，公司的雇员都将获得"百分之百俱乐部"会员资格作为第一目标，以获取那份光荣。

4 务必避开荣誉激励的四个"雷区"

（1）荣誉是奖励先进的，不是奖励权力的，各级荣誉要分清

特别是一些基层荣誉，不能让管理层参与评选。如果管理者参与其中，就会导致不可避免的不公平。如果把勋章颁发给管理者，员工会认为有权力就有业绩，感到不平等；不给管理者，难免会有好事者无事生非。

因而荣誉的设置可以分开层次，如普通员工有"服务之星"奖，店长或部门经理有"管理之星"奖。尽量把同一层级的员工放在一个平台上进行选拔。

（2）荣誉是奖励贡献的，不是奖励资历的，不能论资排辈

许多企业都有这样的固定思维，只要评选，就会首先考虑资深员工，认为如果荣誉不给他们，不仅对不起他们，让他们心理失衡，而且资格浅的人也不自在，这样荣誉的授予也就成了论资排辈。

（3）荣誉需要郑重其事地授予，不能简单草率从事

颁布荣誉需要有隆重的仪式感，仪式越隆重激励的作用越大。

既然是荣誉，企业就应该通过会议、庆典等方式，让每一位获得荣誉的员工都能感受到公司对自己的重视，同时也激励没有获得荣誉的员工朝着荣誉努力。

（4）荣誉应该是动态的，而不应该是静态的

动态荣誉，而不是静态荣誉。例如，"服务之星"每季度评选一次。本季度当选的员工佩戴一颗红星标志，连续两季度当选的员工佩戴两颗红星标志，依次类推，连续五季度以上当选的员工则佩戴五颗红星标志。

与此相对的是，如果"服务之星"在下一季度没有连续当选，则不佩戴任何标志；升星级只能连续当选，不能隔季度累加。这种巧妙的设计是对平均主义的致命打击，只有积分累积达到要求，才能得到利益与荣誉。如果放弃一次就得从头再来，损失很大，因而大家就都不愿意放弃，领导与未获得者也不好意思来搞平均主义，使荣誉真正靠争取而得，而不是靠施舍而得，这样更容易创造出合理竞争的氛围。

LING CHENG BEN JI LI

第五章　榜样激励：
树立具有感召力的"标杆"

| 第五章 榜样激励：树立具有感召力的"标杆" |

1 榜样的力量是无穷的

心理学研究表明，人类的大部分行为是通过观察、学习、借鉴、模仿他人的行为反应来完成的，榜样有如此巨大的影响，也正是由于这一点，团队里面如果树立了鲜明的榜样，对员工会产生极大的激励效果！

人类从咿呀学语到蹒跚学步，其实无不是从模仿身边的人开始的。模仿不但能使人形成新的行为，也可以使原有但潜伏的行为得以表现，或使已有的行为得以加强或改变，而榜样则是模拟行为发生的关键。

2020年新冠肺炎疫情中，有人写道："哪有什么白衣天使，不过是一群孩子换了一身衣服，学着前辈的样子，治病救人、和死神抢人罢了……"

我们看到，在与死神争斗的过程中，年轻的医护人员被前辈榜样所激励，激发出强大的勇气，在最危险的地方坚守着岗位、坚守着职责、坚守着使命！

一个榜样就是一面镜子，面对榜样，每个人都可以对照、检查自己，做到自警自策，修身养德；通过对榜样的学习和效仿，可以使先进的受到激励，平庸的受到推动，后进的受到鼓舞，从而达到塑造人格、提升技能、激励自我的目的。

塑造榜样就是为了给员工行为提供参照，一旦学习者将榜样确定为学习样板，也就明确了未来的行为目标，进而努力使自己的行为与榜样的行为保持一致。①

心理学家斯金纳认为：**人的行为是由外界环境决定的，外界的强化因素可以塑造行为，而榜样行为就可视为一种强化因素。**

松下电器创始人松下幸之助谈道：为了完成企业的各项规划和指标，管理者应该为团队树立需要员工效仿的行为标准，引导员工以正确的行为标准行事。与企业的发展规划和生产营销的利润指标以及各种有关的管理规章制度等相比，树立效仿的行为标准是不需要写成书面文字的。

一天，IBM公司的老板汤姆斯·沃森带着客户前去厂房参观，走到厂房门口时，被警卫拦住了。警卫对沃森说："对不起先生，您不能进去，我们IBM的厂区识别牌是浅蓝色的，行政大楼工作人员的识别牌是粉红色的，你们佩戴的粉红色识别牌是不能进入厂区的。"

沃森的助理彼特见状，大声对警卫说："这是我们的大老板，陪重要的客人参观。"警卫可不认识老板，他说："这是公司的规定，必须按规定办事！"警卫的做法赢得了沃森的认可，他对彼特说："他讲得对，快把识别牌换一下。"于是，所有的人更换了识别牌。

在真实的工作场景中，汤姆斯·沃森没有被特权思维干扰，严

---

① 胡娟：《论榜样的激励作用及其机制的重构》，载《职业圈》2007年第6期，第66-67页。

格要求自己，也为团队塑造了一个良好的榜样。

我们认为，在企业中，文化影响环境，环境影响员工行为，塑造榜样本身是呼吁一种文化、倡导一种价值观。榜样可以为员工的行为创造一种我们希望的文化环境。榜样的力量是无穷的，成功的典型最容易打动人心，最容易产生良好而巨大的示范、激励效应。因此，管理者要善于在团队管理中打造具有强大驱动力的榜样，通过树立榜样为团队成员树立起灯塔，照亮他们前行的方向，鼓舞他们奔向未来！

2 身做表率，最好的激励是管理者自己的背影

影响他人最有效的榜样又是什么呢？中国古人其实给了不少答案。

《礼记·大学》里面将人生的修为定位为四重：修身、齐家、治国、平天下。在这四重境界中，修身是起点，"身修而后家齐，家齐而后国治，国治而后天下平"。意思很简单，一个人只有进行品性修养后，才能管理好家庭家族；家庭家族管理好了，才能治理好国家；治理好国家后天下才能太平，自我修炼是一切的起点。只有严格要求、约束、管理、升华自身，做好标杆，立好榜样，才能更好地激励我们身边的人。

在家庭教育中，原生家庭父母的行为举止会直接对子女的行为产生深刻的影响。在企业管理中，领导者的行为举止，也一定会在下属身上有明显的投影。子女会以父母的行为为蓝本，下意识地或者有意地模仿父母的行为，甚至形成很多性格的传承。**而在企业管理当中，下属会观察领导的一言一行，并作为自己为人处世的参照。**

所有的管理者都是员工的第一个参照对象，管理者应该注意自己的言行、管理自己的言行。以更高的标准要求自己。现代管理学大师彼得·德鲁克曾言："管理者能否管理好别人从来就没有被真正验证过，但管理者却完全可以管理好自己。"在现实的管理中，改变他人是一件相对困难的事情。可以开玩笑地说，"你连你妈都改变不了"！但是，

所有管理者都应该明白，改变自己是我们可以真正掌控的事情。从自己做起，让自己成为一个合格的榜样，然后再去影响你的追随者。

当要求别人进行改变的时候，首先要改变自己。因为只有这样，才是最有说服力的，**以身作则是成本最低也是最有效果的激励方式之一。**

要求下属做到的，管理者则必须自己能首先做到，要求下属做到80分的，自己最好率先做到90分，甚至100分。

我们很难想象一个管理者每天办事拖拖拉拉，他的所有下属工作会是按时交付任务的。

我们很难想象一个管理者每天工作乌七八糟，他的所有下属工作会是井井有条的。

我们很难想象一个管理者对待工作得过且过，他的所有下属对待工作是高标准严要求的。

管理者是下属最好的榜样，你所有的行为会在下属那里得到即时的投射。管理者给下属做好榜样，应该体现在多个维度，经过我们总结，以下是管理者最应该垂范的七种榜样。

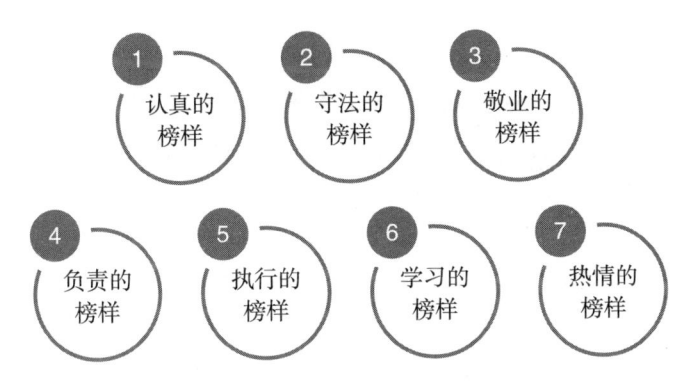

1. 认真的榜样
2. 守法的榜样
3. 敬业的榜样
4. 负责的榜样
5. 执行的榜样
6. 学习的榜样
7. 热情的榜样

管理者最应该垂范的七种榜样图

（1）认真的榜样

管理者在面对自己的本职工作时，能够不敷衍、不拖延、不滥竽充数，对待自己的本职工作高标准、严要求，做事情不光做，而且要做好，做出公司想要的结果。精益求精地完善细节，近乎苛刻地追求完美。

2010年创办的小米公司，在雷军的领导下，用不到十年的时间完成了一连串惊人的成长和逆袭。雷军在创业初期就给公司订立了"专注、极致、口碑、快"的七字箴言。做任何工作，首先要投入自己100%的专注和精力，以求将结果做到近乎完美的极致，只有有了极致的工作和产品输出，才能形成口口相传的美誉；有了美誉，公司才能发展快！

而雷军本人正是这一指导方针的忠实践行者。虽然身为公司掌舵者，但是在针对具体工作时，他依然展现出了令人折服的认真精神！

小米公司从创业开始，每一款重要产品发布时，雷军都会召开一次产品发布会，这个发布会虽然只有短短的一两个小时，但是对新产品的宣传、口碑会形成巨大的影响。雷军作为发布会的主讲人，会全程参与发布会PPT的设计和策划。他曾介绍过这些PPT产出的过程：

"一个PPT，我们会有四五个人的核心团队，有四五十人参与，一般会写一个月到一个半月，我自己每天会花4—5个小时思考PPT的内容，一般会改100遍以上，每一张都是海报级。写完稿子以后，要推敲每5分钟听众会不会有掌声，每10分钟听众会不会累，我们是应该插短片、插段子还是插图片，怎么调动全场气氛，怎么保证发布会一个半小时能结束。我一个人从头讲到尾，照样保证一个半小时里面，能让你全程觉得'无尿点'。"

小米的发布会开得好是业界共识，但其背后是以雷军为中心的小米团队无数日夜认真打磨的结果。在雷军的影响之下，小米的团队以认真、强悍著称。2019年，小米公司正式跻身《财富》杂志世界五百强榜单，排名第468名，成为在榜最年轻的五百强公司。[1]

小米的成功跟领导者雷军的脚踏实地、认真投入的做事作风不无关系。正是在雷军认真作风的带领下，小米公司才能做出一款又一款"爆款"的产品，实现公司业绩的快速增长。管理者一定要切记，你工作时的态度，会深刻、直接地影响你身边的团队。

（2）守法的榜样

此处所谓的守法，并非只指"法律"，而是包含了公司内部的制度、流程、法规，作为一名管理者，有责任、有义务也有必要首先带头遵守公司的相关要求。我们发现在企业的经营过程中，其实管理者违反制度流程法规所带来的破坏性是大于普通员工的，管理者如果在守法方面没有起到带头示范作用，将会给予员工极为不好的示范。正如我曾在浏览一家民营企业的办公室区域管理制度时见到："禁止在办公区域吸烟（董事长室除外）"，相信这样的制度一旦颁布，对于员工是没有号召力的，员工不会遵从，即使表面迫于压

---

[1] 参见咖啡视界：《雷军教你开新闻发布会》，载个人图书馆网，http://www.360doc.com/content/14/0411/18/8716599_368084097.shtml，访问日期2014年4月11日。

力遵从，内心依然是无法真正做到心服口服的。当然，遵守公司的流程、制度、法规，不仅指领导者不"犯法"，还指领导者要公平执法，不能在执法时有亲疏远近或是掺杂过多个人的喜爱偏好。

联想有一条规则，二十几个人开会时，如果迟到要罚站一分钟。这一分钟是很严肃的一分钟，不这样的话，会没法开。第一个被罚的人是柳传志的老领导。罚站的时候他本人紧张得不得了，一身是汗，柳传志本人也一身是汗。柳传志跟他的老领导说，你先在这儿站一分钟，今天晚上我到你家里给你站一分钟。柳传志本人也被罚过三次，其中有一次他被困在电梯里，电梯坏了，咚咚敲门，叫别人去给他请假，结果没找到人，即使这样，柳传志还是被罚站了。就做人而言，柳传志有一句很有名的话："做人要正！"柳传志是这么说的，也是这么做的。在联想的"天条"里，就有一条是"不能有亲有疏"，即管理层的子女不能进公司工作，柳传志的儿子是北京邮电学院计算机专业毕业的，但是柳传志不让他到公司来工作。因为他怕员工的子女们进了公司，再互相结婚，互相连起来，将来想管也管不了。

正是柳传志的这种以身作则，联想的其他领导人都以他为榜样，自觉地遵守着各种有益于公司发展的"天条"，这才使联想的事业得以发展。

如果希望团队的准则不被轻视、践踏，管理者就要做好遵守准则的"标兵"，当管理者率先践踏准则时，团队的准则就会荡然无存，只有当管理者在准则面前率先垂范时，员工才会感觉到准则的严肃性。

(3)负责的榜样

负责的榜样是指管理者要有责任和担当。责任,"责"在前,"任"在后,你有多大责,就有多大任,责和任一定是成正比的。有一些领导者缺乏担当意识,出了功劳都是自己的,出了错误都是下属的,出了问题都是竞争对手的;有功劳往自己身上揽,遇到麻烦拼命往外"推",这样的领导者自以为聪明,但其实群众的眼睛是雪亮的,下属会觉得上司是一个不靠谱、没有责任心的人,从而对其失去敬畏之心。

王经理是一家公司招标部的经理,一次,公司接到一个紧急的邀标,分管的张总监强调本次招标时间非常紧急,但公司在本次投标的几家竞争对手中非常具有优势,一定要用心准备。王经理得知后,立即协同部门的几位同事通宵赶工,终于在最后一刻制作出了投标文件,并交给销售部同事前往投标。孰料到,投标的结果出来之后,公司并没有中标,而经过调查后发现,正是因为太过仓促,招标文件上出现了一个不容易发现但极为致命的错误。

事情发生之后,王经理和招标部的几位同事都惴惴不安。但张总监并没有批评他们。在当周召开的招投标总结会议上,张总监发言:"本次投标确实非常仓促,但是发生如此致命的错误是没有任何借口的。不管公司流程有没有要求我审核具体每一份标书,毕竟我是公司主管招标的领导,本次事情我愿意担负全部的责任,恳请公司对我个人进行处罚。"

张总监勇于承担责任、自请惩罚的态度让公司总经理有些意外,总经理并没处罚张总监。同时,张总监的担当行为,也令几名下属非常感动。散会之后，张总监将招标部的几名同事叫到自己办公室，说道："这次失误，确实因为太过仓促导致，责任在我，不在各位，但是我希望从此以后，诸如此类的错误永远不再发生。"王经理和下属听完后，坚决承诺，类似的事情绝不会再次发生。

在此后的招投标工作中，招标部的工作质量明显上了一个台阶，工作更加细心、细致，各项招标工作再也没出现类似错误，让张总监非常放心。

管理者的责任担当精神是非常受下属关注的。一个上司揽功推过，下属在其影响下也会如法炮制，团队执行力肯定会大受影响。管理者做好责任担当的榜样，团队成员在工作中就更愿意承认错误，从而更好地实现团队的协作！

（4）执行的榜样

执行的榜样是指在工作的过程中，能围绕客户价值，有极强的结果导向，不打折扣地贯彻到底的领导。所谓"贯彻"，贯是"一贯到底"，彻是"彻彻底底，不留死角"，能够按时按点、保质保量地完成工作。我们发现很多卓越的领导者在执行过程中，目标性极强、雷厉风行，这对整个团队帮助很大。

2017年，我曾为一家发展非常迅猛的企业的中高层讲课，一整天的课程中，公司的总经理王总一直在后排认真倾听、参与，并非常认真地记笔记。

一天的课程结束，王总登台讲话。原本以为她会像很多其他领导一样走走形式、发表几句客套感谢就结束当天的培训。孰料到，王总说："一天的时间，胡老师和大家都非常辛苦，培训不是我们的目的，达成改善才是我们的目的。在今天听胡老师的课程时，我本人一分钟也没有浪费，我对我本人以及我们整个团队此前的工作做了不少反思。利用课间时间，我制订了一份改进计划，下面我跟大家布置一下。"王总此言一出，全体干部肃静以待，全部拿起笔记本记录。接下来，王总花了半个多小时的时间，对此后工作的改进计划进行了详细的布属，并与现场每一名责任人商定改进落实截止时间，所有的参训干部也非常认真踊跃，并当场作出承诺！

我在一旁听到了这样的会议总结，有两个震惊之处。第一个震惊之处：作为公司老总，能够完整地听一天课程，居然还在如此短的时间内，雷厉风行地制订出如此详尽的计划。第二个震惊之处：公司的管理层态度极为务实，不遮羞、不讲场面话，有紧迫感、有斗志、敢于承诺！

我在会后询问当场的管理层的学员，公司如此高效的执行风气是如何养成的。学员说："胡老师，其实我们公司以前也是拖拖拉拉的样子，王总一来，她办事就是这个'旋风'的劲头，时间一久，我们这些下属也都变成跟她一样的风格了！"

团队成员的执行风气与管理者的榜样力量直接相关，管理者作为火车车头只有先跑起来，后面的车厢才能跟着跑。

（5）学习的榜样

在领导关系中，一个能量低的人是很难领导能量高的人的。而且在组织的发展中，追随者不希望自己的领导者是一个闭目塞听、不思进取的人，很多卓越的领导者都会保持饥饿感、保持敏感度、是愿意接受新知的，而这也极大地影响着团队成员对待未知的态度。

华为是一家非常热爱学习的企业，也可以说是一个非常够格的学习型组织。这不仅得益于华为领袖任正非的以身作则，也得益于华为管理层自创业以来形成的学习文化与学习精神。

在华为产品扬帆出海的过程中，华为看到了自己与国际竞争对手的巨大差距，为了缩小差距，也为了更好地向竞争对手学习，任正非经常自己或者带着企业高管走出国门，一方面向同行学习取经，另一方面借此开拓管理层的视野，拓宽管理思维。

1994年，任正非和高管团队集体走出国门，他们选择的学习对象是华为的国外同行——阿尔卡特公司，因为是同行，阿尔卡特起初并不情愿安排此次参观，为了能够顺利访问阿尔卡特公司，华为公司可谓费尽周折，也动用了非常多的社会资源才促成此次学习访问。在法国阿尔卡特工厂参观期间，阿尔卡特先进的自动化生产线和员工一丝不苟的工作精神给华为管理者一行留下了深刻的印象。

1995年，华为再次安排高管团队远赴德国西门子公司参观学习，西门子也是华为非常大的竞争对手，在中国市场西门子也越来越感受到来自华为的竞争压力，因此对于西门子的参观申请难度与阿尔卡特相比有过之而无不及，不过，华为高管一行最终还是成功参观了他们仰慕已久的西门子的实验室和生产线。西门子人精益求精、一丝不苟的工作精神让华为管理层触动不少。

经历了对世界优秀企业的参观学习，让华为发现了其与全球标杆企业的差距，也让任正非确定了向标杆企业学习的信念。1995年，任正非回国后亲手为《华为司歌》谱写了歌词，歌词中的第一段就是"脚踏先辈世代繁荣的梦想，背负民族振兴的希望，我们诚实、积极、向上。学习美国的先进技术，吸取日本的优良管理，像德国人那样的一丝不苟。踏踏实实，兢兢业业"。从这首歌词我们就能看出当时华为已经意识到向世界级企业学习的必要性，任正非希望通过广泛的交流博采众长，把美国的技术，日本的管理，德国的敬业精神融为一体。但是当时华为对于世界优秀企业的学习主要局限于支离破碎的补丁式学习，并没有形成完整的体系和明确的目的性。

为了能够更好地选择标杆学习对象，任正非在1997年年底再次前往美国，这次学习一改以往走马观花式的参观形式，而是在事前进行了精心准备和周密安排。特意选择了IBM、惠普、休斯电子和朗讯这四家最具美国代表意义的领先企业。在这四家企业当中，任正非从IBM身上受到的启发最大，他回到国内之后写了一篇文章《我们向美国人民学习什么》，文章主要阐述了在IBM学习中的收获和体会。任正非似乎从中看到华为未来所需要面对的挑战和必需的前进路径。

但是如何才能学习到别人的真功夫呢？参观、交流、听人家介绍毕竟只是学习一些管理理念，真正企业管理的内涵和方法是无法通过这种方式学来的，华为管理层意识到只有花大的代价将老师请进家门，手把手、一堂课一堂课仔细教，而且不仅是教知识和方法，还要让老师结合华为本身的管理实践在实际的项目中应用知识和方法，才能慢慢带出属于自己的世界级企业人才。

1998年，华为引入IBM的IPD（集成产品开发），2003年华为引入ISC（集成供应链），2008年引入IFS（集成财务转型）项目，华为始终不渝地学习，并为此花费了高达10亿美元的咨询费用。

可以说任正非在学习和顾问咨询领域的投入是毫不吝啬的，也正是任正非孜孜不倦地学习让华为终于修成正果。

在团队中，管理者的视野会极大地影响团队成员的视野。管理者闭目塞听，则下属极有可能就坐井观天。管理者有"吸星大法"，则团队就更愿意广收博采。一个管理者做好了学习的榜样，团队才会养成良好的追求卓越的风气！

（6）热情的榜样

一个领导者如果真的充满了热情，下属就可以从他的眼神里、从他的步伐中、从他全身的活力中看得出来。热情可以改变一个人对他人、对工作以及对整个世界的态度。的确，充满热情是成功的领导者共有的美德和魅力基因，但是热情不只是表面功夫，还必须发自一个人的内心。

"激情分子"杰克·韦尔奇成为通用电气总裁时说："我很有激情。通过我的激情来感染我的团队，让我的团队也有激情，这才是我真正的激情所在。"

杰克·韦尔奇为了把自己的热情感染给通用团队，一直很注重沟通，而在诸多的沟通形式中他最爱演讲。他每次出差到分公司时，就抽出一个晚上的时间，给分公司所有员工讲话，讲话内容除了工作专业知识以外，还会告诉他们如何看待他们的职业生涯；在职业生涯里应具备什么样的态度，如何把自己准备好；提升他们的信心，他每一次演讲总能让听者热血沸腾、备受鼓舞。

在和员工攀谈中，一谈到企业的数字，杰克·韦尔奇就很兴奋，如果有人告诉他自己公司业务增长很快，他就会抓住那人的手使劲地祝贺，眼神里的那种真诚和高兴好像是他自己的公司。谈话一到兴奋处，声调很高，手舞足蹈，像是要从椅子上跳起来似的。他说企业的领导人要不断地问自己，对有成绩的员工，你祝贺他了吗？

你奖励他了吗？对员工的进步，你真的从心里替他高兴了吗？

　　知名企业家宁高宁在拜访退休后的杰克·韦尔奇之后，是这么评价这位传奇CEO的：韦尔奇个子很小，70多岁了，可他走到哪里都还是像一团很容易被点燃也容易点燃别人的火，身上充满了年轻人的热情和活力。

　　稻盛和夫说：把自己的活力灌输给他们，直到他们也有炽烈的热情为止——这就是领导者的首要任务。管理者的热情毫无疑问会影响整个团队的士气，一个饱含热情的领导要比一个冷峻的领导更容易带出一支饱含斗志的团队。情绪是会传染的，先让自己燃烧起来吧，燃烧自己也能照亮别人！

3 塑造榜样，为团队选好"标兵"

除了管理者自己以身作则、身做表率之外，在团队中利用合理的技巧和方法来树立榜样、标杆，也是榜样激励的重要方式。管理者在打造榜样之前，一定要把握以下几个基本的原则。

第一，要明确榜样激励的动机。

树立榜样，动机一定要明确，榜样是服务于激励动机的。榜样一定不是盲目设定的，更不是基于管理者的好恶而设定的。树立榜样，不仅有对榜样进行"荣誉激励"的价值，其更大的价值是：赞美一个人，激励一帮人；表彰一个人，传播一种价值观。

在战斗的年代，国家会选择战斗的榜样黄继光；在抗疫救灾的特殊时刻，国家会选择勇于担当的榜样钟南山。

团队所在发展阶段的"需求"不一样，所选择的榜样也是不一样的。只有选择了吻合"动机"的榜样，才能真正起到激励的作用。

一个企业，如果当下的"动机"是冲业绩，那么它树立的榜样可能是团队的"销售冠军"；一个企业，如果当下的"动机"是提升服务品质和客户满意度，那么它树立的榜样可能是团队的"服务之星"。激励之前一定要明晰动机，避免本末倒置，才能让榜样的激励作用真正为团队所服务。

第二，不可让榜样人物承受不必要的压力，要保护好榜样。

很多团队里面有"枪打出头鸟"的文化，管理者在对榜样进行表彰的同时，也会让榜样本人承受巨大的压力，如被孤立、排挤。一旦出现这种"劣币驱逐良币"的情况，不光大大降低了榜样本身的荣誉感，更会影响到榜样对于团队的激励效果。

管理者在树立榜样之前，需注意不要太过夸张地拔高，在表彰时，也要同时认可团队的支持作用，注意不可"一踩一捧"，既要在团队中塑造向榜样学习的氛围，也要减少榜样的外部压力，真正做到对榜样的保护。

第三，分析榜样形成的条件和成长过程，为下属指明学习榜样的正确路径。

打造榜样的目的在本质上不是"造神"，而是让"旧时王谢堂前燕，飞入寻常百姓家"，通过推崇榜样来复制榜样的行为。因此我们在树立榜样的同时，要分析榜样产生的土壤、榜样成长的过程，进行必要的宣传，以此推而广之，为大家向榜样学习提供方法和路径。

第四，以团队员工身边的人和事作为榜样。

我们所塑造的榜样应该尽量是员工身边的人，不应该是高不可攀的对象，而且达成榜样的时间最好不是一个需要特别长的周期努力才能达到的，当员工看到榜样并不是遥不可及的时候，才会真正有立即行动的欲望。

第五，提倡学习榜样的精神，而不是突出榜样本人。

一个榜样他代表的精神很好，我们应该学习他的精神，但不能他怎么做，我们就怎么做，不能刻板教条。对于榜样，随着时间的变化也会有改变，要保留其所代表的优秀精神。人都会有缺点，人就是人，不要突出他个人，只有精神是永恒的。

在团队里面，要让大家感觉：只要你有能力或作出突出的贡献，就有可能成为大家的榜样。

4 树立榜样是为了复制榜样

榜样具有极大的激励价值，那到底如何萃取榜样经验，并推而广之呢？

首先，要找出一个能构建学习样本、产生复制效应的关键因素，再围绕这个关键因素，构建一个明确的衡量标准，无论是个人还是团队，都要对照这个标准，找出差距、列出问题。接下来，就要针对存在的不足，制定切实可行的改进措施，采取行动进入实施过程，如果是针对团队，就要给出具体阶段的行动方案，同时要进行必要的评估，以检查实施的效果。在实施阶段，还要定期进行总结、回顾，不断完善、修正。对于在团队中创造标杆，更要注重阶段性的反馈、指导，促使其不断改进提升，从而成为团队中的"领头雁"，发挥示范带头作用。

具体对榜样进行复制的举措，管理者在企业里面可以采取以下几种方式。

第一，榜样事迹报告会。

可以在团队内部召开榜样事迹报告会，邀请榜样上台介绍其工作方法和工作经验。甚至可以让榜样以内部讲师的身份，为团队成员做一些分享，从而做到岗位经验的推而广之。以此弘扬榜样的精神，传播榜样的技能来激励其他员工提升工作能力、超越榜样。

第二，榜样表彰大会。

企业在召开总结大会时，由企业领导对榜样的工作业绩进行介绍，号召员工以其为"标杆"，让所有的人感受到榜样的荣耀，并激励出超越榜样的勇气。

第三，印刷宣传材料。

企业可将榜样的工作方法、经验总结印刷成宣传材料发放到各部门，号召各部门员工进行学习，提高工作能力。

第四，授予榜样称号。

企业可以授予榜样荣誉称号（如"劳动标兵""业绩冠军"），并在企业宣传栏进行公示。

第五，对榜样事迹进行讨论。

针对榜样的事迹，要求团队成员进行深入讨论和学习，并结合自己当前的工作，落实行动改善计划，管理者可以定期检查行动落实情况。

第六，组织对于榜样的培训。

要做好相关的培训工作，使团队成员达成共识，并要具备相应的能力和技术技巧，以求向标杆学习达到预期的效果。

同时要指出，向标杆学习不是一味模仿，而是要根据自身的实际情况，寻求超越目前的最佳实践，并找到改造和提升的新途径。可以说，向标杆学习是一个模仿与创新并举的循环往复过程。能否有效产生向标杆学习的复制效应，会直接影响到团队或个人能否向标杆看齐、获得优势。

LING CHENG BEN JI LI

第六章　情感激励：
打造团队的"小太阳"

| 第六章　情感激励：打造团队的"小太阳" |

1　管理者要学会"创造感动"

管理者与员工之间如果仅限于冰冷的工作指派关系，则管理者很难调动员工对于工作的热情，也很难要求对方展现最好的配合。管理者与员工心的距离越近，彼此之间信任指数相对就会越高。越来越多的管理者知道，征服下属不能靠"挥舞的鞭子"和"板起的脸"，管理者对下属的付出与下属的反馈之间的关系，不一定是完全成正比的，但一定是呈正相关的。当下属真正感受到管理者身上的温情、魅力、关怀之时，一切的默契、承诺就会水到渠成。此所谓：春风绿完江南岸，明月自然照我还。

战国时期的著名军事家吴起，是一位爱兵如子的典范。他带兵的时候，不睡卧铺，也不骑马，跟普通的士兵一样自己背着行李步行，吃着跟普通士兵一样的东西，没有将军的架子，因此在军中的威信极高。深受士兵的爱戴，一次一个士兵因受伤化了脓，吴起知道之后亲自为这位士兵吸脓，士兵非常受感动，后来这件事传到了年轻士兵的母亲耳朵里，士兵的母亲就哭了。周围的人很不解，对这位母亲说，您的儿子只是一位普通的士兵，而吴起是大将军，大将军能这样对待您的儿子，您为什么还要哭？于是这位母亲就告诉别人自己为什么会哭。

原来这位母亲的丈夫也是一位士兵，当年也是跟随吴起出征，一次在战役中受了伤，伤口开始化脓，吴将军也是亲自为他吸脓，孩子的父亲因为感念吴将军的厚爱，打起仗来特别骁勇，因此战死。现在我儿又受了吴将军的恩惠，必然以死相报，我这儿子怕是凶多吉少了，我因此痛哭。

作为一军主帅的吴起，把士兵当作自己的亲兄弟一样，为其治伤，士兵感佩，因此军队士气如虹。人是讲求感情的动物，与人相交时讲求投桃报李、士为知己者死，作为管理者如果重视这样的情感投资，往往会收到意想不到的结果。

我们在职场中看到过很多的例子：某高层领导能叫得出来一个基层员工的名字会让这名员工感动、惊喜；公开场合偶遇时的一句家常探问，会成为下属评价领导平易近人的例证；宴席上领导的一次碰杯敬酒会让下属心生暖流。在管理中，有的时候几句温情寄问要比雷霆手段更管用，尤其是对于越来越多新生代的员工，他们更有想法，更加特立独行，更看重领导者的魅力。新生代的员工已经很难忍受那些简单粗暴的管理方式，这些方式不仅不能使员工臣服，反而让他们心生厌恶。而具有人情味的领导则更能获得他们的青睐。管理者如果能用春风化雨的方式赢得员工的喜爱和尊敬，那么彼此之间的工作将更加高效。

法国作家拉封丹写过一则寓言：

北风和南风比威力，看谁能把行人身上的大衣脱掉。北风首先来一阵寒冷刺骨的风，结果行人把大衣裹得紧紧的。南风则徐徐吹动，顿时风和日丽，行人因为觉得春意上身，始而解开纽扣，继而脱掉大衣，最终南风获得了胜利。

"南风法则"告诉我们：温暖胜于严寒，管理者要尊重和关心下属，时刻以下属为本，多点"人情味"，多注意解决下属日常生活中的实际困难，使下属真正感受到管理者给予的温暖。这样下属才会更加努力积极地为企业工作，维护企业利益。

贵州知名企业老干妈可以说是一家非常有特色的企业，公司创始人陶华碧有自己的一套管理哲学，被称为"干妈式管理"。

从当初200人的小厂开始，"老干妈"就有宿舍，一直到现在2000人，他们的工资福利在贵阳都是顶尖的。

公司2000多名员工，她能叫出60%的人的名字，并能记住其中许多人的生日，每个员工结婚她都亲自当证婚人。除此之外，陶华碧还一直坚持她的一些"土原则"：隔三岔五地跑到员工家串门；每个员工的生日，都能收到她送的礼物和一碗长寿面加两个荷包蛋；有员工出差，她像送儿女远行一样亲手为他们煮上几个鸡蛋，一直送到他们出厂坐上车后才转身回去。老干妈公司在离贵阳市区较远的龙洞堡地区，附近也没啥好吃的地方，陶华碧索性给所有的员工提供包吃包住的福利。所有从老干妈离职的人，如果在外边受委屈了，都可以重新回来上班。

这种亲情化的"感情投资"，使陶华碧和老干妈公司的凝聚力只增不减。在员工的心目中，陶华碧就像妈妈一样可亲可爱可敬；在公司里，大家很少叫她董事长，而是叫她老干妈。

美国知名学者罗勃·康克林在《处事奇术》中提到：如果你希望某人为你做某事，你就必须用感情，而不是智慧，谈智慧可以刺激他的思想，而谈感情却能刺激他的行为。

因此，管理者们应做好情感激励，它能够减少企业员工的流动，降低企业的人力成本；能够调动员工的工作积极性，增强企业的凝聚力，从而增强企业的竞争力。**管理者应学会"创造感动"，尽可能多地让员工感受到真情，感受到管理者对他们的关怀，因为用户的感动都是由员工创造出来的，而只有先感动了员工才能感动用户。**企业管理者只有在"创造感动"中创造效益，才能在激烈的市场竞争中稳操胜券。

2 情感激励的五大核心抓手

如何感动员工？最重要的是管理者要学会换位思考。要站在员工的立场上设身处地地思考：员工希望领导怎么对待他，员工到底有什么情感需求。经过调查了解，我们发现以下手段是管理者满足下属需求的五大核心抓手！

情感激励的五大抓手图

（关心其苦难、宽容其过错、信任其品行、尊重其人格、赞美其优点——情感激励）

（1）尊重其人格

安利公司被多次评为全球最佳雇主。在安利的内部网站上，员工可以随时发表自己的建议和不满，公司有专门的人员处理网站上的员工意见，并且迅速向员工作出回应。安利在全国有60个地区中心，2000多名员工，每个月各地地区中心和安利总部都要召开一次员工大会，所有的高层经理都会利用这个机会和员工见面，听取员工意见。对于许多问题，只要大家坐下来沟通一下，马上就能解决掉。人力资源总监会出现在不同地区的会场上，随时了解员工的动向，并把安利的使命传达给每一位员工。

尊重是企业对个体或群体的崇高评价与认可，是满足员工的自尊需要、激发员工进取的重要手段，它有助于企业团队精神和凝聚力的形成。员工只有感觉到自己被尊重、被认可时，才会竭尽全力地为企业贡献自己的聪明才智，特别是对能力和组织感召力比较突出、渴望被别人肯定与认可的人才来说更是如此。

根据调查显示，高达78.2%的被调查者希望管理者：工作时像领导，非工作时像朋友；52.8%的被调查者认为管理者对人才的尊重和认可是最能激发他们积极性和创造性的因素。因此，尊重应当成为情感激励的第一要义。①

（2）宽容其过错

春秋时期楚国的楚庄王有一次大宴群臣，突然，殿内的灯火熄灭了，一个人趁着黑暗拉扯庄王美妾的衣裙，这个有心计的美人顺手把此人帽子上的带缨拽断，然后请求庄王举火点灯，捉拿那个断

---

① 尹永强：《银行业基层员工的管理与激励问题研究》，对外经济贸易大学2006年硕士学位论文。

了帽缨的歹人，楚庄王拒绝了美妾的请求说：寡人赐臣下酒宴，使别人喝醉失了礼仪，怎么能因此而责怪部下呢？

于是命左右传令：今天宴请群臣，大家都把帽缨摘下，不绝缨者便不算尽欢。于是赴宴者百余人全都扯去帽缨，然后才点亮灯火，尽欢而散。后来晋攻打楚国，有一个将军冲在阵前奋勇异常，击退晋军保护庄王，夺取了此战的胜利。庄王问这个将军，这个将军说：大王，我就是当夜被您的美人扯断帽缨的那个人哪！庄王听了不禁感慨万端。

上级与下级之间有矛盾和冲突是在所难免的，下级触犯上级威严的情况也时有发生。遇到这种情况，管理者应以豁达的态度泰然处之，不能揪住小事不放、耿耿于怀，更不能蓄意报复。

即使下级的态度比较恶劣，管理者也要本着"企业大事讲原则，个人小事不计较"的精神去淡化情绪，必要时可于事后主动找对方谈心交换意见，以期圆满解决。这样处理不仅不会有损管理者的形象，还能因此而提高威信，加深上下级之间的理解，加强双方的沟通。

（3）关心其苦难

三国时，一次刘备大军与曹操大军激战。赵云为了营救主公刘备的家小，杀入重围，血染征袍，终于从绝境之中将刘备之子刘禅救回。赵云摆脱敌军回到营中之后，赶紧将刘禅送还给刘备。看到满身是血的下属赵云，刘备没有先察看自己儿子的情况，而是关心赵云刚刚经历的险境，因此将儿子摔在地上，并大声说："为汝这孺子，几损我一员大将。"赵子龙见状，感激涕零，拜倒在地，从此对刘备忠心不贰。

基于这个故事，民间有句歇后语：刘备摔孩子——收买人心。我们无顺去细想刘备摔孩子是出于真心还是假意，但是他的行动确实体现了他对下属生命的重视和关心，而赵云也正是被刘备的这份关心所深深地打动，促使其成为刘备最坚定的支持者。

管理者在与员工相处的过程中，应该有很好的换位思考的能力，真正去关心员工在生活、工作、学习中的难处，想员工之所想、急员工之所急。员工不希望只被管理者当作一个完成工作的工具，他们希望领导者能够关注他们的情感和内心感受。因此，聪明的管理者在向下管理中，一定要有同理心、共情能力，并将自己对下属的关心，以合适的方式表达出来。这种关心不仅会温暖员工的内心，还能激发出其内心的能量！

（4）信任其品行

在电视剧《亮剑》里面，面对能力突出又不按常理出牌的李云龙，上级首长给予了极大的信任支持。首长告诉李云龙："我什么也不问，什么也不管"，这种最大限度的信任给了李云龙极大的发挥空间，因此李云龙能够最大限度地发挥自己的作战才能，不按常理出牌，兵出奇谋，屡屡打胜仗，杀敌无数。依靠缴获的战利品，部队配装也得到迅速提升。

信任对于团队里面的人才尤其重要，信任是对其能力的认可，是领导对于下属的肯定。因此在下属眼里，为了不辜负领导的期许，不仅不会信马由缰，反而会更加提升对自己的要求。

人才的工作独立性较强，没有固定的工作程序，具有较大的随意性和主观支配性，信任是对他们最好的管理。松下电器创始人松下幸之助说:"激发部下发奋图强的工作秘诀,就是信赖部下,让他们自主自发地去工作。"

(5) 赞美其优点

某大型公司的一个清洁工,原本是最被人忽视、最被人看不起的角色,但就是这样一个人,就在公司保险箱被窃时,与小偷进行了殊死搏斗,他的英勇事迹一时在公司内部广为流传。事后,有人为他请功并问他动机时,答案却令人出乎意料。他说:当公司总经理从他身边经过时,总会不时地赞美他"你扫的地真干净!"就这么一句简简单单的话,就使这位员工受到很大的感动,并能够"以身相许"。

这个小小的案例,其实在职场中并不罕见。赞美是情感激励的一种有效方式,在企业管理中,赞美是激励员工最快捷、最实用、最经济的办法。

管理者通过赞美可以达到以下效果:一是可以培养员工,提高员工的自信心和工作激情;二是可以保证工作质量,促进工作的顺利完成;三是可以体现管理者的个人修养;四是可以树立管理者的个人威信;五是可以创造良好的企业文化。[①]

因此,作为管理者对于下属的优点和奉献一定不能视若无睹,真诚的赞美会激荡出对方内心的光芒。

[①] 孟怀英:《管理中情感的投入与产出》,载《企业改革与管理》2008年第10期,第54—55页。

3 工作关怀,如何做下属工作的坚强后盾

擅长情感激励的管理者,在工作中,不光要扮演发号施令者,还要做好教练,以"岂曰无衣,与子同袍"的担当站在员工的身后,并乐于为下属遮风挡雨。

(1)关怀工作中的委屈

没有一份工作是一帆风顺的。员工在工作之中,有的时候会遇到刁钻的客户;有的时候会遇到不配合的同事;有的时候遭受了他人的误解;有的是得到了不公正的对待。

2016年,顺丰公司的一名普通快递员,在送货途中与路人发生纠纷,并被对方扇耳光。一向鲜少公开露面的顺丰总裁王卫得知此事后,进行表态:我王卫向所有的朋友声明!如果这事我不追究到底!我不配再做顺丰总裁!在王卫的带领下,顺丰高层全部出动发声,替受委屈的顺丰小哥找回了公道。我们相信,王卫在这次事件中的罕见发声,不光对那位被打的快递小哥是一个最高的激励,同时也激励了整个公司的一线员工。通过这次事件,所有的一线快递员应该都会有这么一个信念:总裁关心我们工作中的委屈,公司是

我们强大的靠山。

因此,当发现员工遭受委屈,管理者切勿视而不见,此时给予必要的安慰和关怀无疑是给员工雪中送炭。同时,在面对员工的委屈的时候,管理者要注意沟通方法,不要一味地劝解,而是首先要学会倾听,饱含同理心地了解下属所遭受的委屈,让其将内心负面的情绪和委屈进行合理的宣泄。在安抚的过程中,管理者要用正能量引导员工,切忌搬弄是非。

除了处理员工暂时性的委屈情绪之外,管理者也要分析产生委屈的根源,要尽最大的可能,消除因为不公平、误会、偏见等让员工受委屈的外在因素,从而减少类似事件的再次发生。

(2) 工伤事故关怀

员工在工作之中,有遭遇工伤事故的风险,管理者一定要重视员工的安全问题,把员工的安全放在重要地位。

著名日化企业联合利华公司在每次公司外部酒店培训、会议之前,公司组织方都会首先带领全体员工走一遍所在酒店的逃生通道,强调安全问题,排查安全隐患,把员工的安全放在首位,这种做法能够真正传递公司"以人为本、尊重员工、爱护员工"的理念。

在工作之中,万一员工遭遇了工伤事故,管理者一定要充分地重视,并进行必要的关怀、探视和慰问,并提供力所能及的帮助,消除受伤员工的一些后顾之忧。当然,在事故发生之后,管理者要分析原因,追本溯源,不让工伤事故再次出现,这则是更高层面的担当和关怀。

（3）工作压力关怀

当今职场之中，员工的压力越来越大。巨大的压力会增加员工的焦虑，降低员工的效率，减损员工的工作满意度。

管理者应该合理合适地分配工作任务，注意自己的沟通方式，照顾员工的感受，尽量避免员工陷入巨大工作压力的泥潭之中。

当员工遭遇巨大压力之时，管理者可以选择合适的时机，与员工做一些一对一的沟通，帮助其分析压力源，或采用一些好的方式引导员工正视压力并合理地驾驭压力。

对待员工一些工作之中因技能缺失而导致工作不能胜任的压力，管理者应该充分地重视，并提供必要的辅导、教练，管理者不可忽略自己辅导员工的重要角色，要帮助员工提升技能，真正地战胜压力。

我在刚刚步入职场之时，曾经有一段极为艰难的工作瓶颈期，那段时间就像穿行在黑暗潮湿的隧道之中，毫无方向感和安全感。当时的部门经理在看到了我的压力之后，经常和我促膝长谈，帮我分析问题、探讨方法，他在我面临工作压力时的关心犹如隧道尽头透来的一丝光亮，让我无比感动，也成了我能坚持并突破当时工作瓶颈的精神支撑！

（4）工作适应关怀

员工在一些特殊的阶段，会出现工作适应性方面的障碍。主要体现在如下的两种情境之下。

第一种是新入职的员工。新员工入职的时候，其实是最彷徨无措地，也是压力最大的时候，会有种种的不适应和担心。在这时候，管理者应该主动关心新员工，多多询问其在入职后工作中的困难，减少其顾虑，帮助其快速适应新的环境。必要时安排"结对子"的方式，由老员工进行帮扶，并定期谈话，解决其实际困难。

第二种是调入新的岗位或接收新的工作职责的员工，由于对工作内容可能不熟稔，关联工作关系也不清楚，工作进展缓慢，难以进入状态，这个时候管理者要多加关心，多多给予必要资源的支持配合，帮助其理顺各种工作关系，让其尽快跨过过渡期，步入正轨。

管理者的"扶上马，送一程"会让员工信心大增，也会让员工心生感恩之情。

（5）工作挫折关怀

员工在工作中遭遇挫败之时，也是管理者进行情感激励的绝佳时机。管理者应该了解"胜败乃兵家常事"，对于下属的挫折不应太过苛责，而应该多多鼓励，帮助其重建信心。在下属遭遇挫折时的宽容、信任往往能换来下属的感恩和更加忘我的投入。

顺境时的赞扬不可或缺，逆境时的宽容则更是弥足珍贵。就如投资股票，低谷买入时获利最大。激励员工也是如此，在挫折时的信任和援手的激励效果，往往能事半功倍。

4 生活关怀，如何做下属生活的热心朋友

如果说工作中提供情感关怀是管理者的职责所系的话，那对于员工生活中的问题管理者其实是可以袖手旁观的，但是我们发现有很多优秀的管理者正是从其中找到了一些效果卓著的激励手段。

（1）困难关怀

对于家庭困难的员工，管理者可以在自己力所能及的情况下，为下属的家人就医、子女求学等方面提供建议和支持。对于新入职的员工，也要给予足够的关怀，比如在食宿、交通、购物等方面，协助新员工逐渐适应新的生活，让新员工感到亲切和温暖。

对于员工的婚恋困难，可以组织一些鹊桥联谊活动，定期组织一些联谊活动或相亲会，帮助单身员工牵线搭桥；另外，为离婚或失恋的员工争取1—3天的假期，帮助其调整心情，走出阴影，重拾愉悦的心情。

2018年，餐饮企业海底捞正式上市。这家企业的快速发展与其员工令人惊叹的热情服务态度息息相关，有关海底捞员工服务态度的故事通过口口相传，助推这家企业成为知名度、美誉度极高的国

际火锅品牌。

海底捞是怎么激励出这么多优秀的一线店员的呢？可以说，海底捞在员工生活关怀上的措施起到了很大的作用。

海底捞的员工绝大多数都是来自各地的年轻人，这些年轻人来到其他城市生活特别不容易，海底捞就帮助员工集中解决住宿、生活着落等问题。

年轻员工来公司，找对象是个大问题，长期找不到对象，员工流失率也会增加，因此海底捞鼓励公司内部恋爱。而且在夫妻住房、子女教育等方面给予了最大的便利。

海底捞董事长张勇本人也把对员工的关怀落实到了自己和员工的相处之中，有一次，张勇去某城市的海底捞视察，碰上饭点，张勇就去厨房打饭跟员工一起吃饭，刚吃了几口后，张勇放下筷子叫来店里的负责人，指着负责人的鼻子骂：你就给我们的员工吃这个？以后要舍得吃好的，即使有一天海底捞垮掉了，也一定不是被员工吃垮的。

试想一下，如果你是海底捞的普通员工，是否觉得在这样的公司更有归属感和使命感呢？

海底捞正是通过这一系列的物质激励加上非物质激励的手段，从情感上让员工对公司产生极强的归属感，进而极大地激发出全体员工的热情。

（2）亲属关怀

对于员工家里的老人、孩子、配偶等，在其生日、特殊节日的时候，有选择性地给予一些关怀和关注；同时对其家庭困难，如孩子上学、老人健康等，由公司利用社会关系尽量予以解决，以此来帮助员工稳定家庭关系，同时让员工感受到企业的关怀。

另外，邀请员工家属参加公司特定活动；在重要的表彰庆典上邀请家属观礼；举办亲子活动；召开家庭聚会；给员工父母发放补贴工资和礼品都是可供借鉴的方法。

我曾经在一次年会现场，看到特别令我感动的一幕。在为一位非常优秀的员工颁奖时，她与自己年迈的家人携手走过红毯并登台领奖，现场的近千名同事起立为她和她的家人鼓掌。我相信，女孩那时一定充满了感动，这份独特而温暖的记忆，将会激励她以最大的热忱来回报整个团队、整个公司。

（3）婚育关怀

员工结婚时，管理者可以在工作任务分配时尽可能地安排时间灵活、机动的工作便利，有条件的情况下，可以在车辆、人员等方面给予必要的支持，另外，有时在婚礼上送上祝福也能给下属留下美好的记忆。

女性员工在生育期间，领导者可以多多关心其健康状况，进行必要的探视和恭贺。另外，产假时间较长，其间可能有岗位被替代的风险，会为其带来额外的压力，管理者可以给予一定的安慰和支持。

（4）生日关怀

生日这一天对于其他人而言，可能只是普通的一天，但是对于过生日的员工而言，这一天却是一个重要的日子。这一天给予必要的关怀是很有价值的。管理者可以采取一些方式方法表达对于员工的祝福。例如，给员工举行一个庆祝生日的小仪式，如果团队规模较大的话，可以集中到月进行集体庆祝，如发送一些小礼物、纪念品等，或者团体一起唱生日歌送上祝福等。

值得注意的是，每个团队的状况不一样，不是所有的生日都要通过物质性、仪式性的方式来进行祝福。哪怕管理者记得员工的生日，并在私下送上一句真诚的祝福，都会给员工留下温暖的记忆。

（5）健康关怀

首先，管理者要做好监督和垂范，比如组织一些体育活动，带领员工养成良好的健康习惯等。这不仅能够帮助员工拥有良好的身体状况和精神面貌，也是员工所渴求的和谐工作环境的前提。

万科公司董事长郁亮有一套"跑步管理学"，他认为："公司员工健康运动得多了，冲突就少很多。和谐社会离不开跑步，跑步人多，总裁好当。"通过运动锻炼，员工不仅养成了健康的习惯，还提升了工作的效率，对公司的满意度也有一定提升。

其次，公司有必要定期组织一些体检活动、文体讲座、体育活动等，关注员工的健康，也是对员工的一种投资。如果员工患病，管理者可在双方都便利的时候进行探视安慰，必要时在联系就医、经济方面提供帮助。

最后，建立有效沟通渠道，始终保持与员工的密切联系，保证员工的心灵诉求得到及时回应与合理解决；帮助员工塑造阳光心态，引导员工提升心理资本，搭建员工心理援助平台，帮助员工预防、应对、缓解各种职业心理健康问题及危机事件，助力员工身心和谐健康成长。

LING CHENG BEN JI LI

第七章　参与激励：
这是"我们的船"

| 第七章　参与激励：这是"我们的船" |

1 员工越参与，越有责任感

　　樊登读书会创始人樊登曾分享过一段往事：在早年其创业时，公司引进了一位资深的销售总监。有一次两人去拜访一位客户，其间，樊登侃侃而谈，双方交流得很顺利。但是令人意想不到的是，在走出客户办公室门的时候，那位销售总监却很委屈地提出了辞职的请求。原因是：我感觉你不需要我。

　　当你站在领导的身边或身处团队之中时，如果你发现自己仅仅是一个工具，只能被动地做他人要求你所做的工作，而无法参与其中，这将是一种多么糟糕的感受。

　　参与激励是通过增加员工的参与度来调动员工工作积极性的激励方法。它能极大地发挥员工的才能，其最终目的是鼓励员工为了组织的成功而更加努力地工作，只有让员工真正地参与，员工的责任感才会提升。

　　参与激励，重在建立员工参与管理、提出合理化建议的制度，提高员工的主人翁参与意识，让每位员工在企业里都有"安其天下，舍我其谁"的使命感、归属感、认同感，满足其自尊和自我实现的需要。

　　只有当员工真正开始参与时，员工才能感受到自己的重要性，感觉到自己的价值是不被忽略的。我在企业授课的时候，发现课堂里面也有同样的规则，一堂课，学员的参与度越高，则学员的获得感、满意度就越高。在职场中，上司给予下属的参与机会，在下属看来，是领导重视自己的智慧和能力的体现。

员工有参与的机会，才会为自己参与决策的东西负责任。参与的越多，责任感就越强。这项工作从开始就有我的参与，那我就有义务把它完善做好，通过参与把员工变成工作的主人，而不是工作的仆人。

松下电器公司以超一流的经营水平闻名世界。该公司一贯重视人的作用，注意培养员工和公司"共存共荣、强存强荣"的信念。公司创建人松下幸之助曾经说："松下电器公司是培养人才的公司。要制造产品，先要制造松下人。"

为了把全体员工的意志集中到企业所提出的目标和方针之下，公司采取了"提案制度"。"提案制度"规定的提案方式简单、限制性小、涉及范围广，职工普遍享有提案权，正式工和临时工都可以提案，只要提案内容对公司有益，均可被采纳并得到奖励。提案的奖励标准规定得也十分明确，其重点包括：提案的效果；实施的可能性；构思的先进性；为实现提案所作的努力程度等。公司还设立了提案管理委员会，内设提案审查组和提案推广组，两个小组之间保持着密切的联系。公司下属各单位中也设立了200多个提案管理机构。

"提案制度"的实施，广泛地调动了员工的积极性和创造性，每年平均每人提案5件以上，提案入选率一般在10%—20%。这既鼓舞了士气，又改进了工作。松下幸之助的这些"制造松下人"的举措，培养和造就了一大批杰出的人才，使松下公司取得了巨大的效益。

松下公司的管理者在经营管理过程中就是通过参与激励，充分调动了员工彰显自我价值的内在动力，从而也调动了员工的积极性，调动了员工的责任感。**通过参与激励，把公司的"事业"变成了大家"共同的事业"！**

2 开展合理化建议，让员工的思想都闪光

合理化建议是激发团队成员创造性的一种有效的方法，如今越来越多的企业看到了其促进企业发展的重要性，尤其在日益激烈的竞争环境中，合理化建议成本低而收效大的特点，越发显示了其在质量竞争、成本竞争、价格竞争、服务竞争中的优势。因而合理化建议被称为企业管理的"智慧航线"，是促进企业发展和技术进步有效而低成本的举措。

第二次世界大战以后，日本的造船企业石川岛公司百废待兴。50岁的普广敏夫，临危受命出任石川岛公司的总经理。他进行的改革措施只有两项：精简机构，重用人才。但是他的具体做法和别人的不太一样：首先在全公司发行一本杂志，员工都能投稿，使大家的真知灼见都可以在杂志上发表，相当于提供了一个沟通的平台，因此极大地激发了员工的参与意识。在当时情况下，大家也理解企业面临的困境，因此没有一个员工要求多加工资、多发奖金。大家都很积极主动地为公司作贡献，加班加点帮助公司渡过难关。于是在没有付出其他额外物质报酬的前提下，企业被救活了。

普广敏夫正是通过参与激励激活了群体的智慧和热情。在国内

的企业里，腾讯公司就是一家非常注重开展合理化建议的企业，在腾讯内部，有非常浓厚的参与的文化。公司上到马化腾，中到管理者，下到普通员工，基本上都特别愿意在微信、QQ等社交工具上分享腾讯产品的用户体验，并提出自己的建议。而腾讯员工，也特别关注这样的分享。试想一下，你发表一条关于公司产品的建议，得到了身边很多同事的热情点赞和评论，那会是什么样的感觉？腾讯这种全员参与式的内部体验、内部建议、内部改善的循环对于整个公司产品的优化意义巨大。这也是腾讯公司能做出QQ、微信等杰出产品的重要原因。

总结一下，合理化建议到底对于员工有什么样的积极影响呢？

（1）调动员工的参与感

企业的发展离不开全体员工的积极工作；企业的管理，也需要员工的积极参与。员工提出的切实有效的合理化建议能够解决员工自身在工作中遇到的问题和困扰。员工能够通过合理化建议这个管理渠道，将他们发现的问题和建议反映给管理层，不仅疏导了他们内心的困惑，还从思想上和技术上为企业、员工排忧解难。

（2）激发了员工的思考和发现问题的能力

员工将自身与企业的发展中的问题，尤其是与自身切实相关的问题紧密联系起来，形成了员工的自身发展和企业的发展良性互动，必将带来双赢的结果。

（3）锻炼和提升基层管理人员的组织管理能力

合理化建议是一种发现问题的好方式。我们的基层管理人员最重要的能力之一应该是发现问题。因为经年累月的基层管理工作，每天沉浸在繁忙的琐碎工作中，以至于对管理中、操作中可能存在的问题麻木了，客观上看不到问题的存在，或者不认为这些是问题。管理者重在"管理"，也就是管人和管事，如果长期看不到问题，那么，管理者的管理水平如何得以提高？管理者的高度又在哪里？开展合理化的建议，能在一定程度上缩小管理者的盲区。

那管理者在利用合理化建议激励部属时，要注意些什么呢？我们认为应该遵循以下"**五有法则**"。

第一，有信任。

发挥集体的智慧，要整理并比较筛择各种意见；一定要诚恳接受别人的意见。做到由"个人管理"走向"全员管理"，我们说的"全员管理"，不是让所有的人都变成决策人员或管理人员，都变成拿主意的那个人，而是指集体参与，让每个人都成为整体的一部分。

如果员工充分行使自己的话语权，就能够以一种主人翁的姿态来对待自己的工作。为更好地维护员工的话语权，首先，要对员工的建设性意见采用多种方式进行鼓励，对于失之偏颇的意见可以通过大家讨论的方式予以否决，但要做到只对事不对人。其次，员工充分行使话语权要作为一种制度永久保留下来，定期对员工进行意见的征集并充分调研，确保信息的准确性。最后，领导干部应以一种宽容、包容的心态，实现对员工人文的关怀，而不是上级对下级的施压和控制。员工话语权的有效行使可以带来管理效率的提升，这需要建立在领导对员工充分信任的基础之上，对此，领导干部必须在这样的影响中积极作为。领导者对员工起着引导、示范的作用，不管什么样的行为方式适合企业自身的发展，企业的领导干部都应当积极引导、示范。

第二，有渠道。

确保提建议的渠道畅通，鼓励全体员工参与，让员工畅所欲言，与员工平等地讨论问题。例如，内部召开定期建言献策会议，公布建言献策邮箱，私下征询下属意见，同时允许匿名提供建议等。有些企业管理者愿意给员工说话的机会，但是方法不得当，如采用座谈会、茶话会、头脑风暴会等，在这种有职级差别的环境下提建议的效果欠佳，员工可能会不愿意在他人面前或者过于正式的场合说出自己的心里话。在这种情况下，采取一对一沟通、匿名提供建议的方式就利大于弊。还有一种可取的方式是委托第三方，如专业的调研公司或者管理咨询公司，他们通过访谈、问卷调查等方式得到的信息更加真实、可信。

还可以在公司层面成立成果评价委员会，定期评价建议项目，获奖成果由提出者当众讲解。当然非常重要的一点，我们提倡合理化建议之时，要强调改善结果而不是仅仅提意见。员工不能仅仅停留在发现和指出问题的层面，而是要真正能够脚踏实地、务实创新地提出改善问题的方法和策略。否则的话，将合理化建议的活动做成"清谈馆"，起的作用只能与初衷背道而驰。

第三，有运用。

对于大家好的意见，不能光是嘴上喊好，而是要带领员工将其落地执行。员工如果能真真切切感受到自己的建议付诸了实践，就会激励他以更大的热情投入创造思考的工作之中。

值得注意的是，对于员工提出来的一些行之有效的行动建议，如果能由其自己执行的最好由其自己执行。因为行动方案是由员工自己做出来的，所以它更加切合员工本人的实际，由提出的员工亲自操作可以避免执行人员由于不理解计划的内涵而导致执行失误；

员工参与了计划的制订，计划更容易落实、实现，主动性也更强。

第四，有反馈。

对于员工提的方案，执行得好与不好，要对员工进行反馈。员工的建议，如果采用的话，有什么效果要反馈给提出的人。如果不采用的话，是因为什么原因，也应该尽量地给员工交代，这也是对其积极性的保护。

第五，有表彰。

针对在建言献策环节为公司作出突出贡献的员工，管理者应该进行必要的表彰，表彰形式可以是口头嘉奖、颁发荣誉证书等。针对产生重大经济价值或对公司发展有重要意义的建议，必要时可以采取一定的物质奖励的政策。

那到底怎么样才能做好合理化建议呢？让我们来看一看海尔公司是怎么做的。

海尔一直相信，让员工做大，才能把市场做大。在海尔，多年来开展合理化建议活动是员工参与企业管理的重要途径之一。

在海尔，员工的合理化建议活动普及度极高，集团工会成立了"员工创新成果经营公司"，专门管理员工的合理化建议，还利用信息化手段建立了合理化建议网上申报、确认流程，让员工提建议更加便捷，建议解决得更加迅速，员工参与率达100%，并且采取合理化建议提案书的制度，在一张提案书上实现了建议提出、建议落实、建议跟踪、建议闭环。

为了激发员工持续创新的积极性，在激励方面，海尔工会改变了以前月底兑现的办法，在全集团推行"即时激励"，员工的建议被采纳后，奖金必须立即发放到位。比如，电子事业部员工小鹏提出的合理化建议，能使彩电生产节拍提高10台/小时，建议采用的当天下午，就拿到了奖金。洗衣机事业部检验员小红有3项创新合理化建议被采纳，自己也得到了洗衣机事业部3次即时激励。

每天，新被采纳的合理化建议都会在内部信息网上发布、推广。内刊《海尔人》也会随时刊登员工合理化建议"即时激励获奖情况"。

一位员工说："以前的奖金到月底随工资发放，也觉不出什么，而现在，当天激励让我很有成就感！现在，如果发现问题没解决，就像没吃饭一样。遇到一个问题，就解决一个问题，这样想想，创新并不难。"

为了鼓励员工踊跃地提出合理化建议，集团不仅每年推出各种评选，还参加社会上的一些重要评选。

海尔集团"十大合理化建议明星"李师傅，针对钣金生产能力不足，影响订单完成的现状，带领青年骨干组成了"智慧星"质量监控小组并开展了质量监控攻关活动。活动期间，共有8项成果获得了公司的小发明命名及南部业务大区表彰，活动结束，钣金生产能力提高了25%，达到世界先进水平，效果显著。

李师傅因此获得了集团员工创新成果颁发的一等奖3次，二等奖4次，三等奖4次，成为目前集团内获得创新奖最多的班组长，并被集团《海尔人》报进行了重点报道。他们也因此被中国质量管理协会、中华全国总工会、中国科学技术协会、共青团中央联合授予了"2005年全国优秀质量管理小组"的称号。

李师傅认为自己能成长为合理化建议明星，并不是因为自己有多么聪明，"由于自己工作角度和知识局限性，一些建议只是提出了一个方向和轮廓，但是，公司并没有因为我的建议缺乏充分的调研和详细的可行性论证而忽视我的建议。公司对我的一些重要建议会反复找我沟通想法，再组织相关人分析研究、调查论证、完善补充，然后再给予很多技术上、资源上的支持"。

海尔公司的合理化建议流程真正做到了有信任、有渠道、有运用、有反馈、有表彰。正因如此，才有了"发现问题没解决，就像没吃饭一样"的工作热情。而在很多企业里，其实都有各种倡导员工提出合理化建议活动，甚至通过严格的制度规定，要求员工每周或者每月必须提供多少条合理化建议。但是，这些建议并没有被及时反馈、得到正确的评估，最终也没有产生理想的效果，有的甚至被"束之高阁"、没有下文，久而久之，员工的积极性被严重挫伤了。

3 共同承担改善的责任，让每个人都参与精进

如果员工的工作出现了不尽如人意的地方，管理者该如何处理呢？正确的方法是，让他们承担更多的改善责任。过错已经成为历史，不可改变，可以改变的是未来，所以要着眼于未来，与员工一起分析失败的原因，让他们承担起改善的责任。"谁做的事谁负责"是管理中的基本原则。

但是，上司为下属承担失败的责任，与下属一起承担部分改善的责任，帮助下属完成未完成的任务，一方面，体现了上司应该负的领导责任；另一方面，也有利于激励下属。管理者这样的举动，将激励员工以更强烈的热情投入改善之中。

那在员工工作出现问题时，管理者如何和员工共同承担，又同时保证员工的主体责任意识呢？我认为，必须坚持以下六点：

（1）态度要友善，要求要明确

指出员工的工作问题时，要尽量明确清楚，先说明工作上与质量上的标准，再指出员工不符合标准的地方，必要时可以引用任何有助你说明问题的资料。例如："这份工作的标准生产速度是每小时35件。年初的时候，你经常达到甚至超越这个标准，但资料显示，

你上个月平均每小时生产30件，而本月只有25件。"

请避免讨论员工的"态度"。有关态度的批评只会令对方为自己辩护，难以有效讨论解决方法。以正面的方法开始讨论，不让员工有被恐吓的感觉，这是很重要的。如果你不想员工疏远你或引致他采取自辩的反应，请尽量让他知道，你懂他也想把工作做好。请记着，你与员工讨论的目的是找出问题的原因并寻求解决办法，而不是去责备他，因此必须对事不对人。当你让对方知道你是想讨论问题而非责怪他时，他也会比较乐意和你讨论。

（2）诚恳请求员工参与解决问题

明确地告诉员工需要他改善工作表现，可能是处理工作质或量下降的最直接方法；但是如果对方不想改善，这个方法成功的机会也不大。你需要员工的支持和合作，才可以使工作表现达到可接受的水平。使员工努力改善的最好方法，就是在决定如何处理工作表现问题时，请他协助解决问题。这可以增强员工的自信心，因为这表示你重视他的意见。当员工知道你乐于聆听时，你就越有可能取得他的配合和承诺。

"你也知道这的确是个问题，我很想听听你对如何解决这个问题的想法。"

（3）真诚地聆听，开放地提问

请记着，你是要与员工讨论他的工作表现问题，而非他的态度或性格。你应该保持轻松友善的态度，以开放式的问题来提问，例如，用"怎样""什么事""什么人""什么时候"的表达方式，去收集所有关于工作表现的资料。由于这类问题没有斥责的意思，员工会比较乐于回答。当你以这个方法找出问题大概的根源时，就可以问一些具体的问题，以便清楚准确地找出原因。

这是聆听及以谅解的态度回应的好机会，因为员工可能会对其中不能控制的因素表示忧虑，感到受挫折。

"我明白如果分区办事处不按时呈交报告，你会十分被动。"

由于员工直接地接触工作，对工作的了解比你更深入，他或许可以提供见解，确切地找出问题的原因、抓住问题的核心。请记下员工的意见，这表示你重视员工的意见。你对问题产生的原因可能也有自己的意见；当你与员工讨论你的见解时，请维护他们的自尊。在讨论解决方法之前，总结你找到的原因，确保你和员工都了解有关的背景和已找出的所有可能的原因。

（4）记录员工所提出的解决问题的方法

当你找出问题的原因后，当然希望能决定如何解决。同样，由于员工是与问题最有关系的人，请向他们征询意见，并把意见写下来；这不仅能维护员工的自尊，更能把可行的解决方法记录下来。

"这方法很好，我们已经列出3个可行的解决方法，你还有其他意见吗？"

在找出问题的初期，解决办法之一也许只是收集更多资料。请尽量记录你们提出的意见；如果可以，请采用员工的建议去寻求解决方法。如果员工对解决方法有发言权，他们就会更努力解决问题。

（5）和员工一起协商将要采取的具体行动

这是选择最佳办法的时刻。这时候，你应该明确地指出需要做的工作，说明由谁负责、何时完成，以解决员工工作表现的问题。

你可以分配员工负责特定工作，并把决定记录下来。

"生产过程中，请你每5件抽出一件检查。我会安排品质控制部在换班之前及每班中间时间调整检查仪器。"

请记着支持员工为改善工作表现所作的努力，但你必须强调改善工作的责任在他身上。你要对员工承担责任的能力表示出信心，指出他能办妥双方协定的事项，这会增强他的自信心，并使他们更努力去解决问题。

"如果你遇到阻碍，请尽快通知我，这样我可以和有关的经理联络。我相信你今后一定可以按时完成报告。我们一起构思的计划可以为你提供所需的资料。"

（6）与员工一起协定明确完成日期

约定下次讨论的日期，可以显示你重视解决员工工作表现的问题；员工会知道你希望了解他把之前确定的事项处理得怎样。事后举行检讨会议，可以让你和员工一起讨论工作表现的改善进度或其中遇到的问题，并且可以计划日后要办理的事项。像讨论刚开始时一样，结束时也应该采取用友善的话语，并表示对员工能改善工作表现有信心。①

---

① 本部分内容可以参见熊凤：《浅析媒体管理中的有效沟通》，载《湘潮（下半月）》2013年第8期，第60–61页。

4 采用民主集中决策,真诚聆听基层的呼声

曾有一位卖鸟的老板,发现自己养的几只鹦鹉整天喜欢打架,经常打得鸟毛乱飞。他为此去请教一位资深的养鸟高手,对方告诉他一个秘方:教会鹦鹉说话。老板回去一试,效果居然不错,鹦鹉们很少打架了。他仔细观察其中的奥秘,发现原来是鹦鹉们忙着说这说那的,没空去理会其他鹦鹉了。

员工作为企业中的一员,应该有表达自己观点参与企业事务的意愿。但是,因为企业内部存在管理层级以及分层授权,大部分员工在企业内部话语权很小甚至没有什么话语权。如果不另外寻找一些沟通途径,给员工一些话语权的话,这些员工对企业的向心力和凝聚力都会下降,甚至会作出一些有损企业整体利益的行为。还有的员工在工作过程中可能有一些牢骚或委屈,这些需要通过适当的途径发泄出来,否则就会转化为具有一定报复性的行为,比如争吵、钩心斗角、怠工甚至破坏企业正常运营等行为。

1985年,玉溪卷烟厂开始实施厂长责任制,那年年底,厂里制定了第二年生产任务技术改造计划,当计划就要在领导班子中表决通过时,褚时健提出一个想法,由他将计划改成报告,交给全厂职

工讨论。

这可炸了锅，有领导说，这么大的事情交给职工讨论怎么行？这是省里烟草公司定的，要是职工不同意，怎么办？

还有领导说，既然都是厂长负责了，干嘛还要让工人讨论？褚时健对大家说，工厂还不是国家和工人的，工厂计划不让职工知道，工人何谈主人翁地位？如果工人有正确的看法我们就要吸收。

结果正如褚时健所预料的，工人果然有自己的看法，有人提出，工厂有潜力，生产任务还可以定高一些。还有人提出，今后不但要制订生产计划，还应该制订分配计划，要将完成任务后国家可以得多少、工厂留多少、职工分多少明确告诉大家，让职工心中有数。

计划经工人讨论后，再经褚时健等领导评定，他们认为，职工的意见是合理的，便按照职工的意见更改了计划，并将完成任务数与工人的收入关系明确写在工厂计划中。

从此以后，玉溪卷烟厂每年年底制订的来年生产任务计划都由职工讨论。厂内为此设立了由工人、技术人员、领导干部组成的企业管理委员会，专门汇集职工对生产管理、经营方针以及工资晋级、住房分配等关于企业发展和职工利益的意见与建议，并提出相应的措施和方案，然后交由厂领导决策，再由有关职能部门执行。

管理员工，应该多给人一种当家做主的自豪感，让员工们在团队中感到他们是真正的主人翁。在管理中，褚时健重视员工，让员工感受到他们在企业中的分量，必要的下放话语权能极大增加员工的参与感与归属感。

谷歌办公室的氛围随性而平等，大家坦诚相见、透明度高、行动敏捷，公正地听取各方意见。不用顾及地位、年龄、经验的差别，谁都能畅所欲言，谷歌的创新正源于这样看似随性、实则平等的交流。

华为的自我批判机制也是一种典型的参与决策机制。2011年春节前后，华为内部刊物《华为人》上发表了一篇题为《我们还是以客户为中心吗？》的文章，对马来西亚电信CEO的投诉进行了深刻的自我批判。

除了《华为人》报以外，华为内部还有《管理优化》报、心声社区、蓝军参谋部、员工自我批判委员会、员工投诉、案例库与合理化建议活动、民主生活会、道德遵从委员会等多种参与决策方式。以道德遵从委员会为例，华为在全球建立了107个办公室，7758个小组，选举了5193名委员会成员，对华为的思想、组织和行为进行审视。

管理者鼓励员工参与到公司决策中来，通过工作卷入，让员工发自内心地参与到企业的日常经营与管理中，可以极大地提升责任感和工作成就感。

企业不仅是某个人的企业，更应该是员工的企业，只有得到员工广泛的认同与认可的企业，才具有持久的活力，才能够点燃员工智慧的光芒。因此，要始终坚持员工的主体地位，保证员工的话语权，以人为本、尊重员工、依靠员工，充分调动广大员工的积极性与主动性，尽可能地做到全员参与。企业的发展离不开员工的积极参与，但"全员参与"必须是实质，而不是形式。[①]换言之，行业内大多数企业所提倡的全员参与更多的是员工在形式上的参与，而非集结全体员工智慧的在实质上的"全员参与"。

特别是在事关员工切身利益的情况下，管理者即使已经胸有成竹，也要与员工商量决定。如果员工感到自己在某个决策中有份参与，那么他们就会更加热心和高效地执行这个决策。

[①] 胡贵生：《员工话语权与工作积极性相关性分析》，载《今传媒》2012年第7期，第153-154页。

LING CHENG BEN JI LI

第八章 授权激励:
学会"放风筝"式管理

第八章 授权激励：学会"放风筝"式管理

1 懂得授权，不做"三死干部"

我们看历史电视剧的时候，经常看到这样的情节，大将军在出征之前，皇帝将兵符交给将领："将军，此一战关乎江山社稷，朕托付于你，盼你凯旋！"

在此时，将军一定会感激涕零，拜倒在地，口中言道："谢主隆恩，臣一定肝脑涂地，不辱使命！"此后，多半是一段君臣佳话。

为什么这个时候将军一定会感动，因为皇帝愿意把军权交给你，那是真正的信任你，也是对你最大的认可！

同理，在职场中也是如此，当一个管理者愿意对下属进行授权的时候，就表示领导对于下属人品或者能力的一定认可。

而对于下属而言，授权意味着让员工必须面对问题，而不是逃避问题；授权意味着让员工自己必须做出正确的决定，而不是期待管理者来替他选择；授权意味着让员工站在管理者的角度思考，注重对公司的贡献，而不是只关注个人的利害得失；授权意味着员工必须对结果负责，突破资源的限制保证执行到位，而不是一味地抱怨和发牢骚。

海底捞有一套独特的授权管理模式，员工自上至下被授予不同等级的权力。副总级别可以审批200万元以下的开支；大区经理可以批准100万元以下的开支；而30万元以下的开支，各个分店的店长就可以做主。

尤其值得注意的是，就连每位一线员工，都拥有赠送菜品或者免去菜品费用的权力，甚至在他们觉得必要的时候拥有免单权。这样的授权站在员工角度看他们觉得自己被企业信任才会放权给他们，越是这样他们越不会滥用手中的权力，而是会更加珍惜这样的信任。顾客在消费中遇到任何问题，不需要层层请示找领导才能解决，一线的服务员就能够第一时间及时地处理客户的不满，消除矛盾，这样会为企业带来更多良好的口碑。并且由于在工作中有了部分授权，员工在工作中也能发挥主观能动性，个人创新会给顾客带来更多超预期的服务，从而帮助企业抓住更多客户。

海底捞给予员工一定额度的授权，没有导致员工大面积的损公肥私，下属反而有了更多的责任心。对下属的授权意味着你和他同时在承担责任，同时承担责任意味着你对他真正的信任。当下属感觉到被上级真正信任的时候，就会迸发出巨大的工作热情，产生无限的创意。一个人也只有在被真正信任的时候才可能学会如何去信任别人，才有可能成长为高效率的执行者。

任正非认为，"未来的战争是班长之间的战争"，于是把权力下放给班长，让离"战火"最近的班长手中拥有权力，让听得见"炮火"的人做决策，使他们自觉工作，以便快速应对竞争市场的变化。

然而遗憾的是，根据我多年与企业管理者交流的经验发现很多的管理者被从基层提拔到管理岗位上去之后,长期不能实现自身管理者角色的转换,而管理者角色无法转换的最典型"症状"就是:不愿意授权!

某公司生产车间主任,有学历有能力,工作态度端正,尽职尽责,管理有思路,外围员工也认为这个车间的工作尚可。但是,本车间人员却始终不认可这位主任,甚至与他水火不容,对他一肚子意见,车间整体工作受阻,员工工作状态低迷。通过调查了解到,虽然这位主任吃苦耐劳、工作尽心尽力,但是员工最不满意的地方,就是他的管理方法上存在的一些问题——授权问题。这位主任在日常工作中大事小事,事必躬亲,有什么工作都不安排布置,而是自己干,唯恐出现差错,过分强调基层管理人员"身体力行"作用,弄得工人手足无措。不知道授权,导致了"领导干,工人看"的局面,造成了员工一致的低迷情绪。

从以上案例中,可以看出一个简单的问题,作为管理人员,要给自己一个合理的定位,根据自己的管理需要,做出必要、恰当的授权。恰当的授权可以促进工作进步,如果不懂得授权,反而会影响工作。管理是一门学问,而授权是管理中的艺术,是通过别人来实现自己目标的艺术。作为一名管理者,尤其是高层管理者,若想真正通过下属实现你的预期目标,至少要学会授权。受错误观念的影响,在他们看来,下属的能力永远不如自己,唯恐授权给下属把事情办砸,所以大事小事,事必躬亲,整天忙得脚不沾地,成效却不甚显著,甚至会遭到下属的反对或抵触。

对于这种不愿意授权的管理者,我们有个俗称:"三死干部。"

何谓"三死干部"?

第一,自己"累死":自己忙前忙后,忙上忙下,忙得像个陀螺,团队里面的大事小情,细枝末节,都不放心、都要过问,认为下属能力有缺陷,或者不认为下属有把事情做好的能力,尽管自己已经被提拔到了管理岗位上,还把自己当作"大头兵",导致工作量超负荷。

第二,上司"气死":上司将你从基层岗位提拔到管理岗位,是让你做团队的"领头雁",那么管理者就不光对个人的绩效负责,也应该对团队的绩效负责,要尽自己最大的能力激发团队成员的热情,提升团队的整体业绩。

而作为管理者如果天天把自己掩埋在低价值的事务性工作中,天天给下属"擦屁股",毫无疑问,这不是你的领导所希望看到的。领导考察管理者,主要是看团队的结果,一个天天忙忙碌碌的管理者不一定是一个优秀的管理者。恰恰相反,很多的管理者之所以每天忙,是忙得不在点上,是瞎忙,是缺少计划、不会调动下属的表现。

第三,下属"怨死":有人可能费解,领导勤勉,大事小情都操心,自己该做的做了,下属该做的也代劳了,如果有谁遇到这么一个领导,岂不是省心省力,怎么反而会对领导心生怨念呢?这也正是很多管理者无法理解的地方,为什么我替下属东挡西杀,下属反而不领情呢?

其实,这是很多管理者的一个误区。因为很多管理者没有弄懂一个事实,那就是:所有人都有对权力的欲望,所有人都希望得到别人的认可,所有人都希望自己做的工作很重要,你的下属也是如此。如果你遇到一个领导,把所有重要的、有挑战的工作全都捂在

第八章 授权激励：学会"放风筝"式管理

手中，对下属所有的工作都要指指点点，下属就会觉得管理者根本就不相信自己的能力，只是把下属当作一个工作的机器。一旦出现这种感觉，下属就会"闲出病"，由闲生怨，"划船不出力，船翻不着急"。

与之相反，管理者如果能对下属进行必要的授权，将一些重要的、有挑战性的工作委派给下属。下属就会觉得这是领导的器重和信任，同时从事有挑战的、有难度的、新鲜的工作这件事本身就会激发下属的斗志，也能提高下属的满意度。另外，在接受挑战的过程中，员工需要通过不断地学习、思考、实践来达成目标，这个过程本身也是一种自我成长，这种成长对于员工也是一种超越物质的激励。

《三国演义》中，刘备自己"业务能力"算不上最强，但是刘备很善于用人，并且能够大胆地进行授权。文臣囊括了三国时期"卧龙凤雏，得一人可得天下"的诸葛亮、庞统，而武将更是熠熠生辉，"关张赵马黄"五虎上将罗列两厢帐下听令，甚至可以说刘备用人如神。刘备不光善于识人，而且极有授权的心怀，交给下属的事情，特别是自己不擅长的事情一概不插手，让下属有很好的发挥空间，不光工作积极性提高，而且对刘备这个"直系上司"更是敬若兄长。

而诸葛亮，确实聪明过人，能力过人，但是不懂得用授权来激励下属，事必躬亲，连大将出征，还要亲授锦囊，因此蜀军上下，一没有战斗热情，二没有思考习惯，三没有责任心。久而久之，五虎上将退出历史舞台后，居然出现"蜀中无大将，廖化作先锋"的尴尬局面。

优秀的管理者一定要认识到一点：在管理的舞台上，最宝贵的资源是人，只有人才能创造奇迹，只有人才能创造无限的可能。**优秀的管理者应该是一根火柴，可以点燃下属的斗志和热情，让员工对自己的行为负责，让员工对自己的结果负责，而在此之前，一定要给予他必要的舞台和权限。**

2 授权激励不可不知的5项原则

授权是价值非凡的激励工具，同时也是一柄"双刃剑"，如果授权不当，则会误人误己。那么，在授权的时候应该遵循哪些原则呢？

（1）以信任为前提

管理者一旦作出授权就要充分信任被授权者，断不可以授而不放，放而有疑，疑而不用，婆婆妈妈，反反复复，犹犹豫豫。一旦把所办之事的目标、方针确定后，就让其大胆实施，对其充分信任。如不信任就会导致被授权者不愿或不敢去努力实施。

授权过程中，领导者应本着"用人不疑，疑人不用"的精神，信任下属，让他们在自己职权内自主地处理工作，不要过多地干预他们的工作。但是，不多干预不等于不干预，不等于不闻不问。领导者应当超越指挥层次去听取群众的意见，了解实际情况，需要时对被授权者给予必要的指导和帮助，以便使授予下属的权力能够得到顺畅、充分、有效的行使。

（2）以适度为准绳

管理者集权要有方，授权要把握度。授权太多太少都不行，太多可能坏事，太少则可能办不好事。不同的人、不同的职责、不同的环境作出不同的授权。对能力不强的人授权太多，被授权者既办不了事，也承受不了；授权还要与职位相适应，如总经理只授予副总相当于部门经理的权力，就会导致不良后果；授权还要与授权的各种具体状况相匹配。

在授权时，要根据具体的工作来选择授权对象。在没有选到合适的对象之前，宁愿不授权，也不能乱授权。

（3）以责任为重心

授多大的权就要负多大的责，权力与责任相一致。要告知被授权者需要遵循什么、做什么、负什么样的责任，只有捆绑责任，才能使被授权者积极完成任务。

授权解决了下属有责无权的问题，有利于调动下属的积极性。但在实践中要防止另一种倾向，即避免出现有权无责或权责失当的情况。有权无责，用权时就容易出现随心所欲、缺乏责任心的情况；权大责小，用权时就会疏忽大意，责任心也不会很强；权小责大，下属将无法承担权力运用的责任。

因此，授予多大的权力，就要负有多大的责任；要求负多大的责任，就应该授予多大的权力。注意保持权力和责任的对应、对等关系。

（4）以监管为保证

管理者切记，授权不是分权，授权之后，如果事项办砸了，授权者仍需要承担相关的责任。授权不是撒手不管，撒手不管的结果必然是失控，而失控将会降低授权的所有积极作用。权力一旦失控，后果将不堪设想。因此，既要授权，又不能失控；既要调动和发挥下属的积极性和主动性，又要保证领导者对整个工作的有效控制，这就成为授权工作中必须遵守的一条原则，同时也是领导者应努力学习、掌握的一门艺术。

管理者要防止失控，确保控制的有效性，可以通过制定明确的工作准则和考核方法、实行严格的报告制度、完善行之有效的监督措施来进行，一旦发现下属严重偏离目标，就应当及时加以纠正。

授权既要信任也要控制，两者并不矛盾。信任是让其大胆地做，控制是让其更好地做。对授权的事要适时适度检查、监督，保证其按质量完成所办之事。没有控制的授权叫弃权，不是授权。

合理的授权应该是"放风筝"式的，让风筝凭风借力、自由翱翔，但是风筝是有一根线拽在放风筝人的手中的，放风筝的人在风筝正常飞行时不用干涉，但是一旦风筝飞偏了或者要坠落了，放风筝的人就可以通过手中的这根线调整风筝的高度、方向，必要的时候，也可以把风筝收回。

（5）以宽容为背景

办任何事都有失败的可能，都有出现错误的可能，对于客观原因，不可抗拒、不可避免的原因要宽容。当然对于因主观因素而导致的结果，要予以追究。管理者绝对不能把责任全部推给被授权者。对于被授权者犯的成长性错误要宽容，只有这样，才有人愿意甚至乐意接受你的授权。

对于管理者而言，员工对被授权的工作操作失败之后，不能将错误全部推到下属身上，如果这样的话，员工会觉得揽的事儿越多风险越大，领导是在推卸责任，这时的授权不光对员工起不到激励的作用，反而在下一次授权的时候，极有可能遭到抗拒。

3 授权界定技巧："二八法"和"三分法"

管理者在通过授权进行激励时，必须清楚哪些权力可授，哪些不可授，如何把握其中的度。可以参照以下两个重要的法则。

（1）事项权力分类：二八法则

二八法则又名"80/20定律"或帕累托法则，它可以解释生活中很多的现象，在管理者的时间分配和授权激励方面，同样具有指导意义。我们的时间一般也遵循这样的规律：工作中花费了80%的时间去做的那些相对不重要的工作产生的价值是20%，而工作中花费了20%的时间去做的最重要的工作产生的价值是80%。管理者80%的绩效来自20%的重要工作，而另外20%的绩效来自80%的工作。

由此看得出，管理者的时间并非等值的，而是一种高价值的资源，可以说，你把时间花在哪儿，你就是什么样的管理者。

管理者不应该试图解决工作中所有的问题，而应该着力于解决重要的问题。因此，找到工作中哪些是对绩效、对结果影响最大的工作就尤为重要。知名管理专家余世维先生推荐了一个笨拙而又实用的好办法，我也在多次授课中推荐给不同企业的管理者，收到了很好的反馈。

方法如下：

①时间：1—2小时，确保不受打扰。

②以周为单位，罗列自己一周常态化的工作，尽量详细。

③清单罗列后，通过反复对比，对所有的事情按照重要性这一指标进行排序。

④按照比例，挑选出重要性在前20%的对应事项。

例如，某管理者罗列的事项总数是50件，那么最终可以根据比例挑选出来10件工作，这10件事情应该成为管理者的重心。而剩下的80%的工作，则应该根据情况，进行完全授权、逐步授权或保留。

以上这个梳理的过程，尽管枯燥笨拙，但是能够帮助找到工作真正的重心，从而使管理者对自身的精力进行聚焦。

（2）事项授权：三分法

利用二八法则找到对管理者影响产生最重要价值的20%的工作事项后，是否意味着其他80%的非重要工作就应该全部向下授权呢？

答案是：并不是！针对这些事情，还需要进行分门别类。

第一类事项，例如风险性低的简单工作；重复性的程序性工作，不需要太多个性化操作的；下属完全能够做好的，甚至可以比你做得更好的工作。

针对满足以上3个条件中任意一项的事项，管理者可以进行大胆的授权。

```
                    ┌─────────────┐
                    │    80%      │
                    │   三分法     │
                    └─────────────┘
        ↙                 ↓                   ↘
 ┌──────────────┐   ┌──────────────┐   ┌──────────────┐
 │ 必须授权的工作 │   │ 酌情授权的工作 │   │ 不可授权的工作 │
 └──────────────┘   └──────────────┘   └──────────────┘
```

必须授权的工作：
1. 风险低的简单工作
2. 重复性的程序工作，团队成员已经比较熟练掌握
3. 团队成员完全能够做好的，甚至可以比你做得更好的工作

酌情授权的工作：
1. 下属具备一定能力的工作
2. 有挑战性但风险性不大的工作
3. 有风险但可以控制的工作

不可授权的工作：
1. 制定工作标准的工作
2. 决策工作、签字工作
3. 涉及团队或岗位机密的工作
4. 紧急事情的处置权

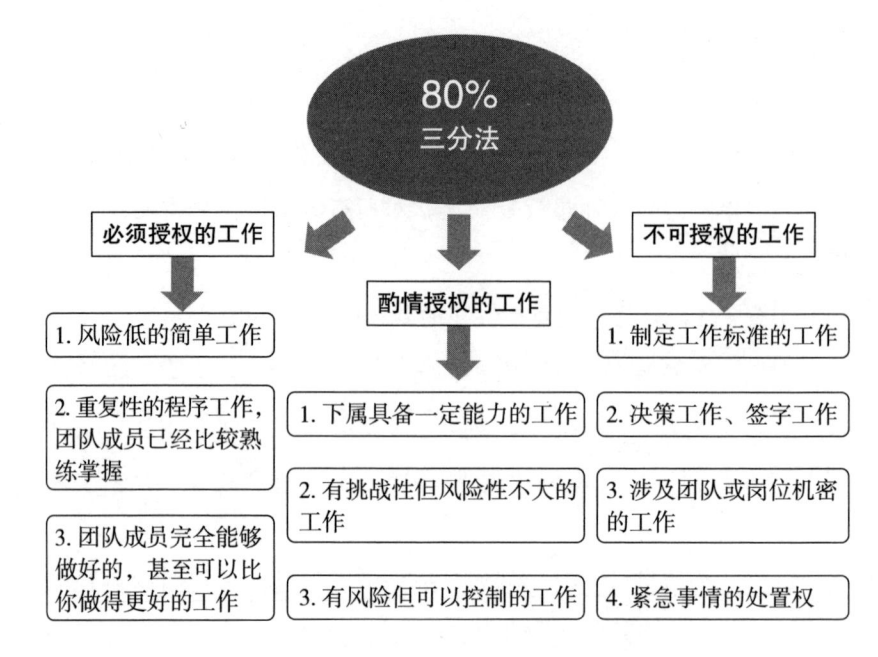

事件"三分法"图示

第二类事项，下属已经具备一定的操办能力的工作；有一定的挑战性但是风险性不大的工作；有风险但可以控制的工作。针对这一类型的工作，管理者可以酌情授权，或者采取阶段性的授权。

第三类事项，制定工作标准的工作；决策工作、签字工作；涉及团队或岗位机密的工作；紧急事情的处置权。针对以上类型的工作，管理者在授权时一定要慎之又慎，一般不建议轻易进行授权。

4 参照这样的流程授权，才能高效可控

第一步，厘定需要授权的具体工作。

给员工授权前，一定要对员工的能力有相关的了解和判断。

管理者在授权之前，应该对委派的工作有一个全面的了解，例如工作的具体内容、程序、复杂内容、所需资源以及有可能出现的情况，切忌随意、轻易地授权。管理者在对工作有了清晰的了解后，还需要进一步对下属说明工作的目标和性质并分析下属是否具备执行该项工作的经验，是否需要进行必要的辅导和培训等。

在授权事项的选择之中，管理者应该按照二八法则和授权三分法进行选择，并不是所有的事项都是能够授权的。一些重要的、紧急的工作或者一些具有保密性质的事情，切忌随意地委派授权。

第二步，遴选合适的授权对象。

如何确保授权之后，人与事项的匹配度呢？建议管理者在授权前对下属有一个完整、客观的评价。管理者可以找一个特定的时间，让下属用书面的方式完整地写出自己的工作职责，并要求他们能够尽量坦率、诚恳地告诉你，他们内心真正期望和渴望的工作是什么。同时，还可以采取交叉评价的方式，了解下属之间配合的方式，并以此暴露将来授权之后有可能出现的一些问题。通过这一环节，可

以了解下属对自己工作的认识程度、工作的完成速度以及彼此之间的配合默契程度。

如果你发现有的下属对自己的工作了解很深，并且远远超出你的预料，这类下属就有可能具备担负重要工作任务的才能和智慧。

当然，搞清楚下属的工作速度也是对管理者的一个要求，例如知道一名助理处理文稿的速度是另一名助理的两倍。只有知道了每个人对自己工作的了解程度和工作速度，才能知道什么人能干什么活。

另外，在授权的过程中，还需要特别注意一点，有一些管理者发现某些特定的下属服从性比较高、完成速度更快、工作绩效更突出，因此授权的时候总是首先考虑这些下属。与之相反，一些本来能力就有所欠缺的人，则很少得到授权。一旦出现这种局面，就有可能出现一个显著的弊端：越是能力突出的下属，管理者越是对他层层加码，导致其不堪重负。而那些表现相对平庸的下属，则得不到该有的锻炼机会。

总之，在考虑授权对象时，要考虑对其工作的理解深度、工作速度以及现有的工作负荷等各种因素。

第三步，敲定委派工作的时间、条件和方法。

对选择委派工作的时间也有一定的要求。有些管理者习惯于上班的第一时间就给下属委派工作，这种方法貌似无可厚非，因为它对管理者本身很方便，但是在某种情况下却会不利于下属的积极性。试想一下，每天一上班就要面对领导的强迫性安排，这会让下属感觉到沮丧和反感。

给下属委派事项的时间最好选在下午，尽量在一天工作快要结束时安排明天的工作。这样，有利于下属为明天做计划和准备。还有一个好处，就是下属可以带着新的工作任务回家，第二天一到工作场所就能迅速地投入工作。

委派工作最好的方式是面对面委派，只有这样，管理者才能充分地向下属讲清楚工作的重要性，对于下属不理解的部分，也能够现场进行反馈和解答。只有那些不太紧急、不太重要的工作，才建议以留言、便条等方式委派。请记住一点：委派时沟通得越充分，下属执行过程中困惑就越少，效率也越高。

第四步，确定明确的委派计划。

委派工作之前，管理者应该有一个明确的计划：

谁来为这项工作负责？

为什么某人是这项工作的合适人选呢？

这项工作的时间节点是何时？

你希望下属交付的具体结果是什么？

完成这项工作需要哪些资源？资源在哪里？

下属通过什么方式向你汇报进展？汇报频率是怎样的？

委派之前，你必须对这些问题有清晰的回答，并书面化交付给下属一份，同时自己留存一份。这样就能尽量减少"沟通漏斗"，避免沟通误差。

第五步，向下属委派工作。

委派之前，需要向授权对象讲清楚原因，重点是强调其中积极的一面。管理者尽量要在委派中向授权对象传递这样的信息：

因为你的特殊才能，这项工作非你莫属；

在这件工作中，我对你非常的信任；

这是一项很重要的工作，授权对象必须了解自己所担负的责任；

做好了这项工作，将会对他在组织中的地位产生直接影响。

在委派之时，管理者应该尽量坦诚，向下属讲解做这项工作他应该知道的一切。管理者不应该因为自己的信息过滤，而给承担工作的下属埋下"陷阱"。告诉他全部的目标；告诉他是谁要求他来完成这项工作；告诉他向谁汇报；告诉他客户是谁。另外作为领导和前辈，管理者应该向下属传授一些在这个领域的工作经验，告诉他自己以前是怎么处理的，结果又如何。

委派中必须讲明白完成工作的时间节点。并必须让被委派者清楚，除非出现非常特殊的情况，否则你不允许他为自己的拖延和失误找借口。所以委派中要告诉他时间期限是如何定下来的，为什么这时必须要完成。

在委派中，就要确定报告程序，告诉下属什么时候带着什么成果向你汇报，也告诉他每一个阶段你检查工作时期望看到什么结果。

最后，委派结束时一定要强调你对他的信任，并尽量在一种轻松、积极的氛围中作出委派，让下属带着鼓舞投入工作之中。

第六步，掌控下属委派工作的进展。

确定一个委派出去的工作的进展情况是很有技巧的事。检查太勤会浪费时间；对委派出去的工作不闻不问，也会导致灾祸。

工作不同，检查计划自然应该不同。下属的能力、工作的难易程度、所需时间的长短都应成为考量要素。例如，对那些难度大且重要紧急的工作，就要密切地进行监督，每一两天就要检查一次。随时掌控工作的进度，避免延误。当你不得不把一件具有挑战性的工作委派给一名经验欠缺的下属操办时，多检查几次总是有益无害的。另外，对于这种委派，除了定期检查之外，还要高度关注下属的意见、报告和工作进展。要让下属明白你对他工作的关心，并愿意在他遇到问题的时候随时讨论解决。

管理者还必须让下属明白，你确信对方能胜任这项任务。管理者不必过多干预，但要嘱咐下属不要"报喜不报忧"，遇到问题必须随时沟通，当然，这其中不包括那些不必要的打扰。

让你的下属每次汇报都告诉你目前工作是如何做的，剩余的工作还有哪些，工作中有哪些问题。最后，在汇报结束之后，建议你用坚定的语气明示下属，任务是没有弹性的，他必须"没有任何借口"地推进工作直到任务完成。

第七步，检查和评价委派工作的结果。

授权委派的工作完成以后，管理者还应适时地评价、优化、升级自己的委派工作系统。那么，如何评价委派工作系统呢？你可以问以下问题：

工作按期、保质、保量完成了吗？

工作的目标是否圆满达到？

下属在执行中有没有创造性的工作思路和方法？

下属在执行的过程之后有没有自我提升？

建议把这些问题交给下属一起来讨论。事实上，最精确的评价和最真实的批评往往来自下属。因为他们是工作的直接执行者，所以更有发言权。

评价过程最后的一个重要环节是实行奖励。一个小礼品、一个拥抱、一个表扬、一项荣誉都可以是很好的奖励。当然依然要避免一个很多管理者常犯的问题：完成工作的最后奖励是更多的工作负担。聪明的管理者会让优秀的下属感受到信任和尊重，这种情感激励的方式会让你的授权激励产生更加显著的效果。

ns"
LING CHENG BEN JI LI

第九章　竞争激励：
搅动池塘的"死水"

第九章 竞争激励：搅动池塘的"死水"

1 激励就该"赛马而非相马"

可能很多人都有这样的感觉，你在散步的时候，如果发现后面有一个人想要超过你，你就会不自觉地加快步伐。尤其是在跑马拉松的时候，当你发现后面有人快要追上你，你是不是不管多么累都会不自觉地加快脚步？

关注体育赛事的朋友，也可能会发现一个特别有意思的现象：很多运动员的年度最好成绩是在大赛之中出现的。在参加重大比赛时，各路高手聚集，竞争程度更加激烈，刺激运动员分泌更多的肾腺上素，从而大大地激励了运动员的斗志，最终促使很多运动员高水平甚至超水平发挥。

在任何的比赛中，合理的竞争会让参与者投入更多的专注和努力。因为只有当面对挑战时，你才会运用所有的技巧，所有的勇气并集中注意力去赢得胜利；只有这时你才能知道自己真正的实力。那时他才会进入一种超意识状态并达到自己的巅峰。

在团队里面，员工面对的挑战越多，就越能发现机会，越能发展其真正的潜力。潜力一直都在他身上，但在它真正表现出来之前，可能只是隐藏在身体内的秘密，困难、障碍恰恰就是自我发现过程中很重要的因素。

在竞争中，每名竞争者都在尽他最大努力去击败对手，但是在这种竞争下，我们不是在打败对手，而仅仅是在跨越他们所带来的障碍。

在真正的竞争下，没有人被打败。竞争双方都在克服对方所带来的困难的同时而获益。就像两头互相碰撞的公牛，在碰撞中变得更强，彼此在对方的成长中都是不可或缺的。

刀是在磨刀石的磨砺之下变得更加锋利的。

羚羊是在鬣狗的追逐下变得更加强壮和健硕的。

围棋高手是在对弈中成长起来的。

运动员是在一轮轮激战和淘汰中走向巅峰的。

在企业里，我们发现卓越的人才很少是孤立成长的，更多的是扎堆成长的。为什么？因为人才的成长是需要环境的，而环境之中最重要的是有好的对手。好的竞争对手会映照出我们身上的缺点，好的竞争对手会让我们时时警醒，好的竞争对手会让我们充满斗志，好的竞争对手会让我们永不懈怠。

所以作为管理者，如何避免自己的团队逐渐变成一摊"死水"，很重要的一点就是能够在团队中建立良性竞争机制。

海尔公司的创始人张瑞敏说的"赛马而不相马"也正是利用了竞争激励这一方法，张瑞敏认为，企业领导者的主要任务不是去发现人才，而是去建立一个可以创造出人才的机制，并维持这个机制健康、持久地运行。这种人才机制应该给每个人相同的竞争机会，把静态变为动态，把"相马"变为"赛马"，充分挖掘每个人的潜质，每个层次的人才都应接受监督，压力与动力并存，方能适应市场的需要。

张瑞敏的"赛马"原理提示我们，管理者不应该只是做手里挥舞着鞭子的牧马人，而应该是建立一套行之有效的竞争机制。如果管理者能通过机制、文化让团队里面所有的员工时时刻刻和自己竞争、和内部的同事竞争、和外部的对手竞争，他们就会形成高度的自律性，管理也将会变得更加轻松。

2 自我竞争：让员工"爬楼梯"

对员工来说，最有价值的竞争，其实不是员工与外部的竞争，而是与自我的竞争，是让员工感到"今日之我必优于昨日之我"的竞争。

每个员工都希望自己能胜任工作，但能胜任的工作不一定能让员工满意。

员工希望工作能保持新鲜感，自己做的工作不是千篇一律的，工作中能接触到不一样的领域，有一定的趣味性。

员工希望在工作中能学到新的东西，自己所接触的工作，能让自己在经验和能力上有持续的收获，能够在工作中感受到自我的成长。

员工希望工作中能有成就感，在工作中能体现自己的独特性和不可替代性，在工作中，有超越自己的快感。

员工在工作中是有挑战自己的欲望的，聪明的管理者不会让员工待在原地，让员工永远在"爬楼梯"之中。

那如何促进员工的自我竞争呢？

（1）拓展员工的工作边界

给员工找一些新的工作内容，如果员工感觉现在的工作毫无挑战而言，他已经能够驾轻就熟地开展，并很难从中感受到成就感的话，管理者可以适时地为其增加一些新的工作内容，会起到很好的激励效果。

我回顾自己的职业生涯，发现自己工作热情最高也是成长最快的时候，往往是领导将一个自己还尚未熟悉的工作内容交给我的时候。为了完成这项工作，我必须得付出百分之百的努力，尽最大可能克服一切困难，经过一段时间的高强度工作，我终于克服困难，达成目标，这个过程是最有成就感的，也是成长速度最快的。

所以作为管理者，有必要去检视下属的工作内容，让一个员工去做一件他完全掌控的工作，出错的概率确实很小，但与此同时，他的潜能和热情也被这份他驾轻就熟的工作所掩埋。

（2）安排员工轮岗

很多人都是在自己毕业进入职场的时候，就选定了一个职业，然后奋发努力、不断成长，可到头来，自己越发展越难，甚至越来越倦怠，认为自己英雄无用武之地，很委屈。每一个人都很难确定地说现在这个岗位就是最适合自己的，也很难说自己的潜能已经得到了有效的挖掘。

而组织内部的轮岗，是解决这一问题的一个有效途径，可以有效地挖掘员工的潜能。一个不愿去挖掘自身潜能的员工，要么是丧失了前进的动力，要么是满怀恐惧，要么是观念出了问题，这样的员工，即便是紧紧守着自己现有的岗位，也是守不住的，即便自己不想被淘汰，也是不能一直满足岗位需要的，最终会让自己遗憾和懊悔地被淘汰。

从另一个角度看，轮岗会给员工的工作创造挑战和新鲜感，避免员工因为在一个岗位工作太久而生出倦怠，失去奋斗的热情。一位员工如果长期固守一个岗位，重复性、机械性地工作会消耗其对于职业的敏感性，泯灭其创造性。适当的轮岗能让人跳出工作中的疲惫的循环，再次激发员工的奋斗欲。另外，适当的轮岗，可以让员工熟悉不同的工作内容、磨炼其工作能力、拓宽其工作视野，为团队培养至关重要的"多能工""多面手"，这能让团队在人才出现临时性空缺时，有人能够顶得上。适当轮岗还能让员工体会同事的工作内容，接触到同事工作中的难题和困难，有助于培养员工换位思考的能力，促进团队更好地协作！

（3）提高工作的挑战性

对于员工的工作，如果不能拓宽其工作内容的话。必要地提升其工作的挑战性，提升其工作的难度，也是能满足员工"成就感"的激励方式。

在生活中，很多人痴迷于网络游戏。网络游戏为什么容易让人上瘾呢，你发现很多网络游戏都是以升级为主线的，打完了一个怪兽，还有一个更大的怪兽等着你；升了一级，还有一个更高、更诱惑的级别在等着你！人类在潜意识里，是愿意挑战现状的。因此，那些突破现状，获得更高反馈的工作，往往能激起大家的兴趣。

苹果公司利用提高工作挑战性的方式，不仅促进了人才成长，还留住了人才。苹果公司一个很重要的企业文化就是变化，挑战性的任务带给了员工变化和新的要求，从而让员工在工作中可以保持激情，越是艰难的事情越能激发人潜在的能力，也越能帮助人快速地提升。

| 第九章　竞争激励：搅动池塘的"死水" |

乔布斯作为享有盛名的企业家之一，在很多员工的心目中，他又具有两面性。一面是"最佳CEO"，另一面是特别爱折磨人的"坏老板"！

有一次，在做一个游戏项目的开发时，团队成员给出的答复是这项工作可能需要几个月的时间。乔布斯却斩钉截铁地说：不，你们只能用4天。下属被他的要求惊呆了，而实际情况是，在经过暗无天日的4天奋斗之后，这个项目真的按期完成了！

乔布斯对工作具有极高的要求标准，他总是让员工面对高难度的挑战，员工为了达成这项要求，就必须打起一百分的精神、全力冲刺。正是在这种强大的压力催动之下，乔布斯的团队创造了一个又一个的神话，研发出了"改变世界"的产品。

因此，很多员工对乔布斯是又恨又爱。恨的是这个领导会给你带来巨大的压力，爱的是他总能逼迫你向上走，一直从山谷走到山顶，而这个过程是一次对自我的挑战，也是一次潜能的挖掘。正是在这种锤炼之中，团队成员才能快速地成长起来。

乔布斯在管理下属的过程中坚持高要求、高标准，这种高要求、高标准从短期来看会给员工带来压力，从长期来看，既帮助员工获得宝贵的成长，也帮助团队达成骄人的目标。因此，乔布斯依旧得到了下属的热爱和尊重。

在工作中，管理者要观察下属的工作状态，评估下属的工作难度，针对一些具备提升空间的工作，管理者要及时指出，必要时提升工作的验收标准。永远不要让员工待在平地，管理者应带领团队员，朝着下一座山峰进发！

3 内部竞争：让"鲇鱼"游进池子

挪威人特别喜欢吃沙丁鱼，但是沙丁鱼有两个鲜明的特点：第一，鲜活的沙丁鱼口感鲜美，挪威人非常喜欢吃。第二，沙丁鱼好动，捕捞起来之后，就会因缺少活动而快速死亡。所以这两个特点就导致送到餐馆里的活沙丁鱼很少，比如捕捞了1000尾沙丁鱼，最后活的只有100尾，可以卖高价，其他的基本上都是做低价处理了。

结果有一次有一个渔民打鱼结束的时候，因为天色昏暗、光线不太好，一不小心将一尾鲇鱼掉到了沙丁鱼的鱼箱里面了。按说，这应该是一个不应该犯的错误，鲇鱼个头大，长着牙齿，专吃沙丁鱼这种小鱼的。鲇鱼掉到了沙丁鱼的鱼箱里，岂不是送羊入虎口。但是渔民并没有发现自己的错误。就拉着鱼箱去市场卖鱼了。当他到达市场揭开鱼箱盖子的那一刻，他惊呆了。为什么呢？以前，1000尾沙丁鱼，活的很少，可能只有100尾，而今天，1000尾里面，可能除了个别被鲇鱼吃掉的沙丁鱼之外，其他的沙丁鱼都是活蹦乱跳的，可以卖出高价了。

那为什么会出现这种现象呢？原因很简单，鲇鱼掉进沙丁鱼的鱼箱里面之后，沙丁鱼感觉到了危机、危险、竞争、压力来了，为了生存，所有的沙丁鱼就在运输过程中拼命地游动、奔跑，也因此，

第九章 竞争激励：搅动池塘的"死水"

不仅有了活动量，还因为充分搅动带进来更多的氧气。因此，绝大部分的沙丁鱼都活下来了。

管理学引入了这个现象，称为"鲇鱼效应"。意思是：一个组织、一个团队，适当地引入新鲜血液，会为团队成员带来压力、竞争、危机，就会消除团队里面的惰性，激活整个组织，让团队里面的每一个人表现得更加出色。

本田公司创始人本田宗一郎先生对欧美企业进行考察后发现许多企业基本上由三种类型的人员组成：一是不可缺少的干才，约占两成；二是以公司为家的勤劳人才，约占六成；三是终日东游西荡，拖企业后腿的蠢材，约占两成。而自己公司的人员中，缺乏进取心和敬业精神的人员也许还要多些。那么如何使前两种人增多，使团队更具有敬业精神，而使第三种人减少呢？

本田先生受到鲇鱼效应的启发，决定进行人事方面的改革。他首先从销售部入手，因为销售部经理的观念和公司的精神相距太远，而且他的守旧思想已经严重影响了他的下属。必须找一条"鲇鱼"来，尽早打破销售部只安于现状的沉闷气氛，否则公司的发展将会受到严重影响。经过周密地计划和不懈地努力，本田先生终于把松和公司销售部副经理、年仅35岁的武太郎挖了过来。武太郎接任本田公司销售部经理后，凭着自己丰富的市场营销经验、过人的学识以及惊人的毅力和工作热情，受到了销售部全体员工的好评，员工的工作热情被极大地调动起来，公司活力大大增强。公司的销售出现了转机，月销售额直线上升，公司在欧美市场的知名度也不断提高。本田先生对武太郎上任以来的工作非常满意，不仅在于他的工作表现，而且销售部作为企业的龙头部门带动了其他部门经理、人员的工作热情和活力。本田深为自己有效地利用了"鲇鱼效应"而得意。

从此，本田公司每年都会从外部"中途聘用"一些精干的、思维敏捷的、30岁左右的生力军，有时甚至聘请常务董事一级的"大鲇鱼"。这样一来，公司上下的"沙丁鱼"都有了触电式的反应，业绩蒸蒸日上。①

一个公司，如果人员长期固定，就会变得缺乏活力与新鲜感，容易产生惰性。尤其是一些老员工，工作时间长了就容易厌倦、懒惰、倚老卖老，因此有必要找些"鲇鱼"加入公司，制造一些紧迫的气氛。当员工们看见自己的位置多了些"职业杀手"时，便会有种紧迫感，知道该加快步伐了，否则就会被淘汰。好的管理者会创造必要的紧迫感和危机感，而不是让"青蛙"待在温水之中。

那在团队激励的过程中，我们有哪些方法可以加热"温水"，搅动"死水"，促进团队的内部竞争呢？

（1）PK机制

没有人愿意自己比别人差，也没有人愿意自己被别人战胜。PK（Player Killing，泛指对决）机制正是运用这种好胜的"自尊"心态来起到激励的效果。人都有好胜之心，尤其是面对与自己旗鼓相当

---

① 参见《管理的经典法则与社会处事方式》，载豆丁网，https://www.doc88.com/p-0962547408860.html，访问日期2019年2月15日。

的对手的时候，总希望自己比对方优秀。

温哥华一家航运公司生产线工人分为白班和夜班两班。公司总经理琼斯一直在想办法提高生产效率，以达到工作指标，但无论是许诺奖金还是晋升机会，都没有太大的效果。

一天，琼斯视察工厂的时候，正巧是在换班时间，白班的工人们正陆陆续续地走出车间，而夜班的工人们也已经在来车间的路上。琼斯突然有了一个好主意。

他拦住一名白班工人，询问他："你们今天一共完成了多少生产单位？""6个。"这名工人回答道。

于是琼斯找了一支粉笔，在车间的门上写下了一个大大的"6"字，然后就离开了。

当夜班的工人们来到车间时，一见到门上大大的"6"字，瞬间明白这是白班工人们的工作成果。

第二天一早，琼斯再次来到车间视察，他发现大门口的"6"字已经被擦去了，取而代之的是一个醒目的"7"字。

一名夜班工人路过琼斯身边时，还非常自豪地说："怎么样，我们夜班工人比白班工人厉害吧！"琼斯笑着对他点了点头。

琼斯用的办法，就是PK机制。他利用人们的好胜之心，让白班工人和夜班工人成为彼此的"假想敌"，竞争的引进打破了工厂稳定的状态，激发了工人们的竞争意识，从而使工作效率提高。人天生都有惰性，尤其是长时间处于一个缺乏竞争和新鲜刺激的环境中时，很容易被惰性征服。通常情况下，压力与动力是并存的，适度的压力能转化为激励人奋进的动力。

PK机制分成两种，一种是团队PK，另一种是个人PK。

团队PK，适用于公司里面工作内容、业绩表现接近的两个或多个团队。在团队荣誉感的激励下，大家往往表现更佳。我在企业授课时有一个习惯，就是在开课之前将学员分组，并要求在授课过程中各小组实行积分PK。根据经验发现，采用小组PK的班级会比没有采取小组PK的班级的课堂氛围好得多。在采用小组PK的课堂里面，所有人都不希望自己成为小组里面拖后腿的那一个，也希望自己的每一次回答都是对小组的贡献。这种心态极大地刺激着小组成员参与课堂互动。这种方法在销售团队里面也非常普遍，各团队在业务启动会上，进行"誓师PK"。另外也有一些互联网公司，一个重点研发项目，安排多个项目组同时研发攻关，最终看哪个项目组先搞定，这也是典型的团队PK竞争法。

个人PK，针对工作内容、实力接近的同事，鼓励大家进行捉对比赛。附带的还可以要求双方以自愿的方式承诺一些奖惩机制，这种PK能极大地激励员工的斗志。值得注意的是，管理者一定要有监控和措施，避免这种内部竞争演变成恶性竞争。

（2）比武大会

在企业内部举办一系列的技能方面的比赛，比赛时带有一定的公众性，还会伴随着一些荣誉。

有众多企业为了提升管理者辅导部属的能力，因此近年来，很多企业采购TTT（Train The Trainer，指培训培训者的课程）的课程，为管理者们传授辅导的技巧，但是很多企业反映效果很差，管理者无法做到知行合一，课程结束后，课程的内容也没有办法落地。我服务的有一些企业的培训组织者非常的聪明，在课程结束以后会组织一个"管理者微课大赛",以比赛的方式,要求参训的管理者参赛展示课程所学的授课技能,结果发现,一转换成比赛的方式,所有的管理者重视程度就不一样了,没有人愿意自己在比赛中落于下风,在比赛的影响下,甚至有很多管理者加班加点、熬灯奋战,以备战比赛,而这个过程就极大地促进了大家对于课程内容的运用。

当然比赛的方式有很多,比如点钞大赛、焊工大赛、钣金工大赛、演讲比赛、PPT制作大赛等,管理者可以结合团队工作中的核心工作技能,开展一些必要的比赛进行激励。

(3)引入"泥鳅"钻活式人物

所谓引入"泥鳅"钻活式人物,是指管理者可以适时引入外部人才,刺激团队内部的斗志。这个方法华为公司用得特别到位。华为于2019年6月27日发布的任正非此前在EMT(经营管理团队)的讲话。在此番讲话中,任正非表示,"今年我们将从全世界招聘20—30名天才少年,明年我们还想从世界范围招聘200—300名。这些天才少年就像'泥鳅'一样,钻活我们的组织,激活我们的队伍"。

华为是一个高科技人才扎堆的地方,任正非常担心公司员工富有起来后,变懈怠了,因此华为多年一直倡导内部竞争,包括引入"泥鳅"式的人才,其终极目的就是激活组织的活性,消除员工的懈怠。正是在多年来内部竞争意识的刺激之下,华为公司才发展出了自身的"床垫文化"。

另外,值得我们思考的是在团队管理过程中,"泥鳅"可以理解成团队里面的关键少数。一个团队氛围的好坏,很多时候就是被这关键少数所影响的,管理者如果在团队里面培养出了关键少数,就会对整个团队的氛围起到极大的促动、引领作用。

（4）排行榜

对于组织中工作成果比较容易量化的工作，采取排行榜的方式会比较实用。

平安保险作为中国保险行业的龙头企业之一，一直坚持"人才是跑出来的"的激励策略。大批优秀的干部是"跑出来的"，在激烈的竞争中最终脱颖而出，并在公司管理层面做到了极高的位置。

如何才能让"人才跑出来"？平安董事长马明哲采取的做法是坚持"强行排名"，此项制度适用于平安的所有子公司，也适用于平安各个层级的人，无论是高管还是基层员工。排名激活了竞争，保证平安的组织及个体可以时刻迸发出强大的活力；排名激发了员工的潜能，使优秀人才从一群人中"跑出来"、脱颖而出，实现自我价值。

平安所采用的"排行榜"方式在保险行业内部并非孤例，我在数年的授课过程中，服务过多家保险企业，有很多保险企业把排行榜作为重要的激励方式。通过公告栏或者互联网公告的方式，即时发布业绩排名，并适时地对业绩领先者进行表扬，对业绩落后者进行提醒、督导。这种方式能够对整个团队起到很好的刺激作用。

值得注意的是，保险销售行业的销售成果相对而言是比较容易量化的，因此适合采用排行榜的方式。一些不太好量化的工作则不太适合采用排行榜的方式。

4 外部竞争：寻找有价值的"标杆对手"

作为团队管理者，促进员工与自我竞争、开展团队内部竞争固然重要，促进员工与外部竞争对手的竞争也是必不可少的。若想企业生存下来，绝对不能闭门造车，管理者如果能让员工了解客户对企业真实的需求，让员工清楚地认知自己的水平，也了解到自己和行业标杆的差距，这样既有利于遏制员工的懈怠心理，也能为员工的进步、提升提供榜样和标杆。

（1）让所有的人听见"炮声"

由于流程和壁垒，很多企业出现了"温差效应"，客户需求到企业感知端有温差；市场前端到交付中端有温差；交付中端到资源后端有温差，最后客户需求无法满足，企业内部难以协同，员工工作没有价值和动力。

因此管理者要破除垄断，打破组织内部壁垒，让市场温度直接传给所有员工，让每个人都能直接感受外部市场竞争的压力，让所有的人都能听见"炮声"，让所有后方的人都能嗅到市场这个"战场"上的"硝烟"，只有这样才能真正地调动员工的热情。

(2)研究行业标杆

我们团队中的员工,有时会因为视野的局限性,过高地估计自己的工作表现、工作能力。在不了解自身差距的情况下,就有可能产生懈怠。

作为团队的管理者,有必要研究行业里面竞争对手的做法,标杆企业里面同业者的操作方法,并及时向团队成员介绍。

华为公司在20年前,就把IBM的工作模式作为自己的榜样,斥资近40亿元,要求全员学习IBM,在这个学习的过程中,华为上下深刻地意识到了自己和世界一流企业之间的巨大差距。这种对差距的深刻、客观认知,也激励着几代华为人开创出属于自己的模式。

(3)参加行业会议

绝大多数的行业都会有一些行业的峰会、论坛、展会等,这些会议是行业之间比较、交流、彼此了解的绝佳平台。必要的时候,管理者可以带领团队成员参加一些类似的行业峰会、论坛、展会,不仅能够开阔员工的视野,借鉴外部的经验,还能使员工认知到自己在竞争中的短板。

(4)请求关联方反馈真实建议

企业的关联方包括在工作中接触的供应商、客户以及第三方的一些机构。这些关联方可能在工作中接触了企业的多个竞争对手,另外,还因为其站在第三方旁观者的立场之上,因此他们很有可能对一些问题和短板认知得比企业自身更加客观。管理者如果能坦诚地邀请这些关联方谈一谈差距和建议，并及时向下属进行必要的反馈，也有利于促动下属的改进奋发意识。

外部竞争的核心是带领员工跳出狭窄的"天井"去窥探外面的天空，通过了解行业的优秀经验，来认知自己的盲区。管理者只有帮助员工认识到自己的短板和不足，才能让其更好地成长！

LING CHENG BEN
JI LI

第十章　目标激励：
给员工树立前行的"灯塔"

| 第十章　目标激励：给员工树立前行的"灯塔" |

1　船长，先定终点再起锚

员工的行为都是由其内在的动机引起的，并且都会指向一定的目标。这种动机是其工作行为的一种诱因，是行动的内驱力，对员工的工作状态有着强烈的激励作用。管理者通过设置适当的目标，可以有效诱发、导向和激励员工的行为，调动员工的积极性。

而在管理中，如果管理者缺少目标，则会导致团队整体思想的混乱。试想一下，一艘航船已经起锚，开始在茫茫的大海上航行了，这时水手询问船长："船长，我们的船要去哪儿？"船长却说："我也不知道。"当听到这样的答复时，水手们很可能会开始躁动，整艘船会迅速地陷入混乱。

某著名企业家曾说过，"不能统一人的思想，但可以统一人的目标，千万不要相信你能统一人的思想，那是不可能的。30%的人永远不可能相信你，不要让你的同事为你干活，而要让他们为我们的共同目标干活，团结在一个共同的目标下，要比团结在一个人周围容易得多"。

此言可谓直指要害，好的目标才能激励人、团结人。在我们的古典名著中：西游团队不是团结在唐僧的麾下，而是团结在"求取真经，修成正果"的共同目标之下；水浒梁山108人的英雄团队不是团结在宋江的麾下，而是团结在"替天行道"的共同目标之下；三国之蜀国文武将帅不是团结在刘备的旗下，而是团结在"匡扶汉室，建功立业"的共同目标之下。

客观来说，员工对未来的图景越清晰，则其内心的欲望就越强；欲望越强，则动机越强；动机越强，则动力越大。一个能够为下属提供清晰图景的管理者，更能够得到员工的追随，而当管理者对未来图景不确定时，下属的彷徨无措就会随之而来。

当我们对员工采用目标激励时，目标能对员工产生以下作用：

第一，给员工的行为设定明确的方向，使其充分了解自己每一个行为的目的；

第二，使员工知道什么是最重要的事情，有助于员工合理安排时间；

第三，迫使员工未雨绸缪，把握今天；

第四，使员工能清晰地评估每一个行为的进展，正面检讨每一个行为的效率；

第五，使员工在没有得到结果之前，就能"看"到结果，从而产生持续的信心、热情与动力。

管理者应该尽最大努力，让体现其意志的经营目标与员工实现共有。只要能鼓动起员工的热情，朝着实现目标的方向奋进，团队就一定能达成经营目标，企业的成长、发展将不可阻挡。

2 造梦：树立共同的愿景

企业吸引和激励人才要关注愿景，没有任正非通信行业"三分天下有其一"的畅想，就不会吸引那么多技术强人的加盟。愿景可以将一批志同道合的人凝聚成一支一往无前的铁军。

那到底什么是愿景？愿景是一种共同的愿望、理想或目标。共同愿景是团队成员所共同持有的意象或景象。建立共同愿景是以自我超越、个人愿景为基础，借由一连串的沟通、分享、聆听及深度会谈，逐步地厘清、融汇、修正、发展出共同想要实现的未来。共同愿景不是一个想法，而是人们心目中一股令人深受感召的力量。那一个具有强大感召能力的愿景应该满足什么条件呢？

第一，清晰的表达。

目标宏大、需要长期坚持奋进是愿景的两大基本特征。但也正因如此，愿景一旦设定规划得不好，往往就会变得好高骛远，与空喊口号无疑。为此，研究如何建立成功企业的胡佛在其《愿景》一书中，将清晰作为达成企业愿景的两大重要条件之一。

例如，宝洁公司的愿景是：成为并被公认为提供世界一流消费品和服务的公司。这个愿景虽然宏大，但是表达清晰，而且也能非常清晰地衡定其达成与否。

第二，对员工有看得见的好处。

多数企业的愿景最终沦落为老板一个人的战斗的原因是，没有员工看得见的好处。

而随着更多、更自我的"新生代"员工的加入，如何让愿景成为大家由衷认同的同一奋斗目标，就更具有挑战性。

怎样才能做到这点呢？很重要的一点就是：找到企业与员工利益的一致点，展现出大家能够从逐级实现企业愿景的过程中得到的价值、利益。[①]

在世界500强企业3M公司实现企业愿景的征程中，就很好地将员工的个人愿景与企业愿景进行了统一。比如，你要当发明家，要做自己产品的操盘手，你就可以向公司申请资金用于启动自己的个人项目，所占用的时间在工作时间的15%以内即可，公司也允许项目的失败。正是这种将企业愿景与个人愿景相互转化的做法，让3M公司在100多年历史中开发了6万多种高品质产品，并总能快速推出令人耳目一新的产品。

第三，建立上下级的信任关系。

管理者如何才能获得员工的信任，达成共同的目的和愿景呢？首先，有必要将员工当作自己的事业伙伴，奉献自己的爱和真诚；其次，员工要能从中分享到好处；再次，员工在实现愿景"途中"就能"分期"享受到利益，并不是愿景实现了大家才能分享；最后，企业领导者要身体力行，而不是一边讲着伟大的企业愿景，一边干着与之背道而驰的事。但要做到这些并不容易。

第四，合理"分解"企业愿景。

每一个愿景都是宏大的，都不是一蹴而就的，正因如此，将愿景进行分解，就具有必要性。

[①] 李政权：《用愿景领导企业》，载《企业文化》2008年第9期，第70–71页。

如何分解呢？以下三个方面很重要：

其一，按企业内不同的阶层分解。现实中，企业中的不同阶层往往在个人愿景上存在很大的差异，因为不同阶层的员工，甚至同一阶层中的不同部门与个体，所面临的问题、所在乎的利益都可能不同。在这种情况下，我们要找到那些求同存异的契合点。

例如青岛港集团，就把集团层面的愿景进行了如下的层层分解。

青岛港集团的共同愿景：建设北方国际航运中心，构筑人才高地；营建平安和谐家园，打造卓越品牌。

前岗公司的共同愿景：建设世界最大矿石中转基地和国内一流碳中转基地，打造平安和和谐的幸福家园。

装船队的共同愿景：创建沿岗区知名装船品牌。

维修班的共同愿景：人人有绝活，时时保畅通。

运行丙班的共同愿景：练绝活出精品，创高效做第一！

在这个分解之中，上下阶层的愿景是一脉相承的，同时随着阶层的下沉，所有的愿景也更加的具体。

其二，按不同的阶段分解目标。就像一场长跑，是需要一米一米地往前跑的，并且长跑运动中也需要有分阶段的目标和供给。

其三，找到愿景的支撑点。一个愿景需要许多的支撑点。以海尔为例，"员工心情舒畅、充满活力地在为用户创造价值的同时，体现出自身的价值"是它的愿景，但在愿景的下面，创新的核心价值观，敬业报国、追求卓越的精神，迅速反应、马上行动的作风，人人是人才、赛马不相马的人才竞争理念，用户永远是对的服务准则，先卖信誉、后卖产品的营销信念等，无处不在企业发展中支撑着海尔人对企业愿景的理解与追求。

3 造靶：设定科学的目标

松下幸之助说："经营者的重大责任之一，就是让员工拥有梦想，给出他们努力的目标；否则，就没有资格当领导。"从中可知，设定科学合理的目标是激励员工的重要手段，也是管理者的重要工作内容之一。

管理者如果能与下属保持着同一项具有激励性的并同时被员工认同的目标，那么管理者和员工之间就可以从"管理者驱动"走向"员工自驱动"，在目标的约束和催动之下，员工会实现自我管理。因此，聪明的管理者不会让下属在浑浑噩噩中虚度时光，而是每一个阶段都为员工的航程建立一座灯塔，让灯塔上的灯光激励员工不断向前。

基于此，目标管理是管理者在进行团队激励时非常重要的激励手段。事实上，在大部分的企业里面，管理者是有给团队和下属制定一定的工作目标的。我在企业授课时，当询问管理者们是否有给团队设定目标时，95%以上的管理者会非常肯定地答复：有。但是非常遗憾的是，很多管理者设定的目标起不到太大的激励作用。究其根本原因，是很多管理者在设定阶段就存在误区。

那么一个对于下属具备激励价值的目标到底该如何设置呢？我

们认为管理者必须遵循以下五大要求。

第一，目标必须是共同参与制定的。

很多员工的目标是领导"拍脑袋"或者下属"拍胸脯"产生的，而不是双方研讨出来的。很多管理者没有认识到一个问题，就是在设置目标的时候，上下级之间是有根本性分歧的。

例如，上级希望给下属订立的目标越高越好，这样的话，即使有个别下属目标完成得不理想，也不会对团队层面的目标造成形成特别大的影响。但是，下级一般是希望自己订立的目标越低越好，因为目标越低意味着压力也就越小。

基于此，目标必须是博弈出来的结果，这个目标必须是上下级之间切磋、谈判、互相认可、互相承诺的。只有是最终双方共同承诺的目标，才能得到双方的重视，才能对双方真正起到约束和激励的效果。

在目标制定之时，上下级之间要多花时间商定，上司谈上司的期望，下属谈下属的困难；上司谈上司的支持，下属谈下属的预估。双方之间这个过程有可能是来回协商谈判的，有时候甚至会变成讨价还价。在这个阶段大家不要有顾虑，问题是什么，资源有哪些，双方应该充分地谈清楚。尽量在目标设定的过程中就把后期所有可能的情况说清楚，最终双方之间定出一个彼此认可的目标，而这个目标是一个双方之间充分交流、充分博弈并愿意为之做出承诺的结果，只有这样的目标，对双方的限制性才是最强的。

第二，目标必须是上下一脉相承的。

公司总体的目标与分支团队的目标，分支团队的目标与员工个人的目标必须是一脉相承的，而不应该是相互背离的。管理者激励下属，不应该忘记自己激励的目的是达成目标，所以分支目标是不应该独立于总体目标存在的。否则，就会出现团队内部的撕扯和损耗。

俞敏洪先生曾提到："新东方前几年只考核校长们的收入、利润，结果导致校长为了保证收入和利润，不惜挤压老师的工资空间，不惜把优秀老师开除掉，因为新老师成本低。最后，新东方的业绩发生了滑坡式下滑，股价滑到了18美元一股的低点，收入从20%下降到12%，利润下降了8%。"新东方在这个特殊的时期，就出现了分支目标与总体目标的撕扯，自然就会给公司带来严重的损失。

我们对员工进行激励，并不是为了激励而激励，而是为了达成团队目标，继而达成总体目标而做激励。因此，在给下属设置目标的时候，首先要以总体目标的达成作为基本前提。

第三，过程中以结果为导向。

在目标激励的过程中，其根本目的是激发员工的主动性，来达成相关的结果。因此必须遵守结果导向的法则，管理者要允许员工在目标追求的过程中发挥主观能动性，赋予其一定的自主权。

第四，及时地反馈与辅导。

管理者为下属设定好目标以后，不能直接做"甩手掌柜"，结果导向也不代表丝毫不关注其达成的过程。在下属追逐目标的过程中，管理者应该做好保驾护航的工作，如果发现下属的方法、路径存在一定的问题，要进行及时的反馈，必要的时候，要提供力所能及的辅导，要让下属时刻感受到领导不光是站在终点线上掐表的那个人，而是一个在奔跑过程中为我加油、鼓劲甚至全程陪跑的那个人。

第五，以事先设定的标注来评估绩效。

管理者为下属设定目标，就意味着其必须以此目标来作为下属最终绩效评估的重要标准。目标应该与最终绩效的评估标准统一。

这样下属才能够感觉到目标的严肃性，因而引起充分的重视。

具有激励性的目标，在设定中，必须满足以上5个方面的基本要求。只有满足了以上5个方面最基本的要求，制定出来的目标才有合理性可言。与此同时管理者在具体目标值的设定之时，也要遵循一些基本的法则。这其中最具价值的工具就是SMART法则。

所谓SMART法则，指的是我们最终设定的目标值，必须同时满足以下5个方面的基本要求。

S=Specific，明确具体

目标必须是明确具体的，只有这样组员才能正确地理解，才知道如何操作。让考核者与被考核者都能够准确地理解目标。要用具体的语言说明要达成的行为标准，不要用抽象的词汇当目标。

一旦我们设定的目标是模棱两可的，而不是明确清晰的，就等于在还未开始时，就已替下属留下一条退路，从而堂而皇之地为以后未能达成目标找到开脱的借口。

为了能使目标明确化，在确定目标时，我们可以按照以下3个要素来考虑：

——把什么（What）；

——在何时之前（When）；

——怎么做（How）？

比如说问题是"减少客户投诉"，我们可以按这样设定目标。

把什么（What）——出现客户投诉事件；

在何时之前（When）——七月底前；

怎么做（How）——降到1个月4件以下。

如此一来，目标便能清晰、明确地被描述出来，管理者和下属的认知才会统一。

M=Measurable，可衡量

目标要可衡量，以便考核时可以准确地判断目标是达成了还是没达成，甚而可以细化到达成了百分之多少。

但是管理者请务必注意，可衡量不一定代表可量化。可量化的目标一般是可衡量的，但可衡量的目标不一定是可量化的。

我们设定目标的过程中，可以遵循以下3个基本的设置法则。

能够量化的尽量量化

量化是最好的衡量方式。用数字的方式，在任何时候我们都能清晰衡量：我已经完成了多少工作？我还需要做多少工作才能完成目标？距离最后的实现还有多远？这是最有利于衡量的。

虽然我们工作中有很多的工作貌似不可量化，但是其实仔细分析，依然是可以通过量化来衡量的。例如，办公室行政管理工作，表面上看很难量化，但是依然可以提炼出一些非常有价值的衡量指标，如人均办公面积、人月均用电量、人月均用水量、办公室耗材费用增长率等。

不能量化的尽量细化

有一些目标是不能量化的，如想要考核某办公室的卫生干净程度，如何量化？如果通过打分赋值的方式强行量化，其实是很主观的，合理性会大大降低。这个时候就可以尝试通过细化的方式，可以把办公室的卫生考核细化到地板、天花板、窗帘、窗户、墙面、桌面、灯具、桌面等指标，分别打分赋值后，再综合来看，考核结果就客观得多。

不能细化的尽量流程化

有很多岗位的工作目标、工作内容比较单一，往往一项工作做到底，这种工作用量化、细化好像都无法准确衡量其价值，如会计、培训专员、监察员等。针对这种工作，可以采用流程化的方式，把其工作按照流程分类，从中寻找出可以考核的指标。如打字员工作流程：接稿—打字—排版—交稿，针对每个流程，我们都可以从多个维度来衡量，对评价标准我们还可以列出相应等级。如果考核的话，就由其主管按照这些标准征询其服务客户意见进行打分评估。[①]

A=Attainable，可达成的

所谓可达成的，是指该目标，不宜太高也不宜太低。

总体上应满足以下三点。

有一定的挑战性：不能太简单，目标设置太低，就失去了激励的价值，也就没有存在的必要了。

有可能的：也不能太难，当员工预感到目标高不可攀，达成希望渺茫时，他就不会为其而努力，那么目标依然会变成空中楼阁。

需要付出一定努力的：是需要付出一定的努力才能实现。最好的目标高度应该是"跳一跳，够得着"，让员工既充满期望，又承受一定的压力。

R=Realistic，有相关性且符合实际

任何一个员工的目标都不会是单独存在的，他应该与目标体系

---

① 李彬.：《J公司员工激励机制研究》，西南财经大学2017年硕士学位论文。

中的其他目标保持关联性、协同性、一致性。相关性包含以下两点。

纵向相关：员工部属的目标由公司、团队的目标逐级分解而来，因此必须保持一致性。

横向相关：员工彼此之间的目标也是存在关联性的，很多目标的达成是互相咬合、互为前提的。不能"各吹各的号，各唱各的调"。

T=Time-limited，有时间限制的

即目标的达成要有时间限制。少了时间的期限，事情常会停留在"想做"的阶段，然后就很容易不了了之。必须制定一个期限，才能让员工付诸行动。有了时间限制，才能让我们的目标更可控。如果没有这个期限限制，我们的目标就很容易被其他紧急的事情所排挤，等到了最后期限，才发现为时已晚。

时间限制对于管理者而言，没有明确的时间限制，管理者就不会制定过程检查的时间节点，更不会根据制订的计划来逐出配置相关的资源。

时间限制对于员工而言，没有明确的时间，承担具体目标任务的员工就不会将其作为当下必须完成的工作，因为他们会有潜意识：一个没有期限要求的目标，对领导来讲并不重要，可以先放下。

4 造梯：提供必要的支持

管理者对下属的目标激励，不仅要体现在建立愿景、确定目标上，还在于勇于助力下属的职业发展、陪伴下属的成长、支持下属的发展，做好下属攀登和成长的3架梯子。

（1）职业发展之梯

管理者必须要在员工入职后帮助其建立明确的职业生涯规划。把人才放到适合的位置不断锻炼和成长，才能有效解决育人、留人、用人的难题，也才能真正从长远激励人！管理者帮助下属展开职业规划，主要包含以下几个方面：

新员工的职业生涯管理

管理者要向新入职者传递现实的工作展望，确立自身的职业定位。

如果新入职者对于未来发展和自我认知十分模糊，在组织允许的范围内适当开展工作轮换，让新员工自主选择接受不同岗位的挑战。

晋升管理

一般组织内的晋升过程包括正规和非正规两种。

现在很多管理者往往从他们认识的员工或者给他们留下过印象的员工中挑选晋升对象。

这就导致员工不知道晋升的标准、职位空缺的情况以及晋升的决策依据是什么，对于整体竞争氛围是一个非常大的破坏。

只有在企业内建立透明公正的晋升通道，向员工明确确定晋升的标准，比如工作能力、绩效结果、个人资历等，建立衡量这些标准科学的体系不是老板或者人资部门的无序评判，才能真实地帮助员工达到自我实现。

激发员工自我实现的意愿

自我实现并不意味着员工一定要得到晋升，更为关键的是员工是否有机会发挥自己所有的能力并实现自己的梦想。

员工有时候并不是没有能力，而是组织没有把他放在能够发挥他个人能力的岗位上，如果找到符合自身发展的方向，员工积极主动的创新精神将得到最大限度的迸发。

提供职业规划资源和指导

从组织层面上讲，可以通过建立企业职位序列体系和内部职业发展通道，同时通过对员工职业生涯规划培训，帮助员工进行自我评估与环境分析。进而制订员工职业发展计划，并花大力气落实发展计划的实施与辅导，不断调整，确保实现员工的个人发展与组织协同的目的。

（2）能力提升之梯

下属能够被目标所激励，朝着目标一往无前地推进。光有热情是不够的，下属只有具备了一定的能力，在干的过程中感受到成长、成就和快乐，才会持久得干下去。因此，在目标激励的过程中，管理者要架起"能力提升之梯",帮助下属真正提升自己的能力。

杰克·韦尔奇作为通用的传奇CEO,他在帮助下属实现目标的过程中,无时无刻不在帮助下属提升自己的能力。韦尔奇曾经给杰夫的一张小纸条是这么写的:"……我非常赏识你一年来的工作……你准确的表达能力以及学习和付出精神非常出众。需要我扮演什么角色都可以——无论什么事,给我打电话就行。"

这些充满人情味的便条,既架起了管理者和下属的"心桥",同时也让下属更加坚定了继续攀登、进攻目标的决心!

因此,管理者在帮助下属能力的提升过程中,要扮演好以下3个角色:

做好镜子

所谓做好镜子,就是管理者要主动对下属的工作展开反馈,在工作之中,管理者往往经验相对丰富,能看到下属自己无法感知的一些工作漏洞、盲区。作为管理者对这些工作中的缺失,不应该文过饰非,而应该进行及时、客观的反馈,真实客观的反馈会让下属少走一些弯路,快速回归到正确的轨道。

做好教练

管理者及时发现并反馈下属的工作问题之后,针对下属能力存在短板的地方,管理者要做好教练。引导下属积极思考,帮助下属而不是代替下属找到问题的解决方法。

做好拉拉队长

在下属的能力的提升过程之中,管理者还有一个重要的角色就是要做好拉拉队长,正向反馈下属的进步,鼓励下属的信心,让下属有继续成长的决心和勇气。

（3）心智成长之梯

管理者助力员工的成长，同样也包括心智能力的成长。为了帮助下属更好地实现目标，管理者应当尽最大的可能，帮助下属建立如下职场的心态。

主动积极的心态

在工作中，不是消极、被动地与他人沟通，而应养成主动对接、主动反馈、主动支援、主动配合的良好职业心态。

团队协作的心态

在工作中，乐于、善于与团队成员展开良好的合作，具备换位思考的习惯，具备奉献团队、融于团队的大局意识。

责任担当的心态

在工作中，负责任、有担当。敢于挑战别人不敢承担的工作，面对自己工作中的失误敢于承担，做工作时具备极强的结果意识。

追求卓越的心态

在工作中，做任何一件工作，不是仅仅停留在做完的层面，而是会永远思考有没有时间更少、成本更低、效益更高、客户满意度更好的方式来完成现在的工作。

持续提升的心态

在工作中，不满足于现状。勇于面对自己的短板，敢于追求突破、不停学习，具有持续提升自我的心态。

当管理者提供真实、必要的助力之后，员工能感受到来自领导的真心，也能对目标充满更加坚定的信心，而这是大家能一起并肩作战的基本前提！

LING CHENG BEN JI LI

第十一章　团队激励：打造团队的"能量场"

| 第十一章　团队激励：打造团队的"能量场" |

1 发挥团队的群体激励效应

设想一个场景，在闹市之中，你突然看到一群人都在朝一个方向奔跑，你会怎么做呢？很可能，即使你不知道前面发生了什么事情，或是被人流裹挟的，或是条件反射的，你也会赶紧跟着人流一起奔跑！

当我们身处一个团队之中，我们本身的行为和状态不光受到自身的影响、受到管理者的影响，同时也显著地受到所在团队状态和氛围的影响。就如同当步入宗教圣地时，我们会不自觉地轻言细语；步入赛场时，我们不自觉地血脉贲张。

这种情况，其实在团队中同样存在。一个团队约定俗成的文化如果是雷厉风行，则会带领团体中的员工形成行动敏捷的行事作风；一个团队如果皆是懒惰懈怠的工作状态，则置身其中的员工拖沓松懈的可能性就会大增；一个团队如果对损公肥私司空见惯的话，则置身其中的员工也很难独善其身；一个团队如果整体都生机勃勃的话，也会带动员工不自觉地在工作中向上发展！

团队对其成员形成的影响，这既有"木秀于林，风必摧之"的作用，身处团队中的人，会通过党同伐异来同化身边的人；也有部分原因是身处团队中的人，为了被团队所接纳，自觉或不自觉地同化自己的行为，以求得和大家的一致性。法国社会心理学家古斯塔夫·勒庞甚至在其社会学名著《乌合之众》中提到：

群体中的个人不但在行动上和他本人有着本质的区别，甚至在完全失去独立性之前，他的思想和感情就已经发生了变化。这种变化是如此深刻，它可以让一个守财奴变得挥霍无度，把怀疑论者改造成信徒，把老实人变成罪犯，把懦夫变成豪杰。

由此可见，团队对个人的影响是如此深重，在团队中，只要有别人在场，一个人的思想行为就同他单独一个人时有所不同，会受到其他人的影响。就像一个"能量场"一样，每一个进入这个"能量场"的员工都会深受影响。

团队对个体成员心态和行为的影响是一把"双刃剑"，既有可能是积极的影响，也有可能是消极的影响。管理者如果发现、明白其中的奥妙，积极地打造利于团队目标实现的团队规范、团队氛围，同时相应化解不良团队压力的话。则可以通过影响团队，最终达到激励个体员工的效果。我们将这种激励的方式，称为团队激励。管理者如能很好地从团队层面建立良好的硬性和软性的"能量场"，则对个体员工的激励将会起到事半功倍的效果！

2 营建团队的规范：管控团队的"红绿灯"

团队规范是团队里面成员所共同接受并遵守的行为准则，它是一个团队能保持一致的基本因素。它包含团队正式书面规定的准则和非正式的约定俗成的准则。

（1）正式书面规定的准则

所谓团队的正式书面规定的准则，包括岗位规范、标准的操作规程、制度、流程、细则、规范、要求和国家法律法规等。

正式准则是团队的底线，如同法律是社会的底线一样，当某城市法律将公开场合吸烟定为违法之后，也许不能完全杜绝在公开场合吸烟的现象，但是因为有了法律的规定，也会促使社会上的人增加对公开场合吸烟行为的抵触。立法之前，即使有人公然吸烟，大家可能敢怒不敢言，一旦法律将这种行为定性为违法行为时，将会促使有更多的人敢于站出来指责这种行为。这在一定程度上会警醒每一位烟民，并对全民戒烟产生积极的影响。

在团队中也是如此。为一些事情设好正式准则，标识出底线，不一定能完全杜绝此类事情的发生，但是会提升全员在这一件事情上的允可标准，同时也会增加违背准则的人的心理负担。

花圃如果不栽种鲜花，就会被野草占领，在管理的过程中，正式准则如果缺位，混乱就会来临。好的正式准则能规范团队的行为，凝聚团队的精神力量，它像赛道旁的护栏，提醒我们打起精神，目视前方，不要冲出护栏。

管理者应该把制定团队的准则作为自己的重要工作内容。因为这是塑造团队规范的重要路径。我认为，管理者不应该做团队的"交通警察"，站在繁忙的十字路口，亲自指挥交通，有你在时团队可以保持秩序井然，没你在时则陷入混乱。管理者应该是为团队设置"红绿灯"的人，将对团队的要求提炼成准则，让其随时随地为团队提供"通行指示"，即使管理者不在一线，这套准则依然能够行之有效，能够时时约束或牵引着团队的行为。

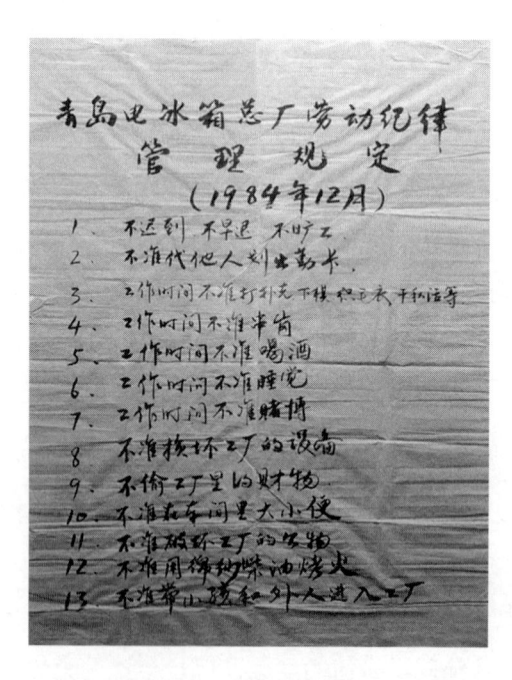

海尔厂84年劳动纪律图

第十一章 团队激励：打造团队的"能量场"

1984年，张瑞敏刚到海尔公司（时称青岛电冰箱总厂）时，看到的是一个濒临倒闭的小厂：员工领不到工资，人心涣散，在厂区打架骂人的、随便偷盗公司财产的、在车间随地大小便的现象比比皆是，厂子一年换了四任厂长，前三任要么知难而退，要么被员工赶走。怎么办？张瑞敏结合当时的形势、企业的状况和员工急切盼望企业发展的心理，定出了一系列基本的规定：严禁偷盗公司财产、严禁在车间大小便……

第一次出台的制度一共13条，每一条都不是高不可攀，相反，都紧挨员工的道德底线。任何一条都让员工感觉"不应该"违背，因此，制度本身具有了极强的可执行性。更重要的是，张瑞敏没有让制度停留在这13条上，而是抓住每一个违反制度的典型行为，发动大家讨论，挖掘典型行为的思想根源，上升到理念层次，再以这种理念为依据，制定更加严格的制度……在这种管理制度下，每执行一次制度，就沉淀一个理念，以理念为依据，制定更多的制度。结果是，制度越来越健全，越来越严，同时，文化越积越厚重，思想越来越统一。每一个方面都有文化的渗透和影响，同时，每一个方面都有严格的奖惩制度。最终形成了"制度与文化有机结合"的海尔模式。[1]

张瑞敏之所以能令海尔公司为之一新、焕发生机，在于其很好地利用了制度准则的作用，规范了团队的行为，塑造了团队的文化，而这种文化又反过来去约束和激励员工的行为。

---

[1] 参见高贤峰：《海尔十三条的奥秘》，载道客巴巴网，http://www.360doc.com/content/06/1217/23/7911_297548.shtml，访问日期2006年12月17日。

建立团队的正式准则，就是提升团队成员的行为底线。团队的底线提升了，员工的行为底线也会被相应地牵引着提升。

（2）非正式的约定俗成的准则

团队的规范，有一些是正式的准则，但绝大多数是非正式的、约定俗成的。但是这些非正式的规定也同样通过模仿、暗示、顺从对团队成员的行为形成巨大的影响。

例如，在企业里面开会，如果通知时间是10点钟。在不同的企业里面，对于会议开始的时间规范是不一样的。在一家公司，10点开会，意味着所有的与会对象在10点钟要在会议室坐好。而在另一家公司，10点开会，意味着大家10点从办公室出发，会议的正式开始时间可能是10点10分。

这种非正式的规范，也许没有一个明文规定，但它是在团队运行过程中，约定俗成而逐渐形成的东西，团队的成员通过评论、排斥、舆论压力等方式在维护着这些规范。这些非正式的规范依然会对团队的行为造成巨大的影响。

霍桑试验就揭示了这种影响现象的存在：很多被调查的工人产量只保持在中等水平上，每个工人的日产量都差不多，而且工人并不如实地报告产量。通过深入调查发现，这些工人团队为了维护他们团队的利益，自发地形成了一些规范。他们约定，谁也不能干得太多，突出自己；谁也不能干得太少，影响全组的产量，并且约法三章，不准向管理团队告密，如有人违反这些规定，轻则挖苦谩骂，重则拳打脚踢。进一步调查发现，工人们之所以维持中等水平的产量，是担心产量提高，管理团队会改变现行奖励制度，或裁减人员，使部分工人失业；或使干得慢的伙伴受到惩罚。

可见，在员工的工作中，有一种将外界事物的经验格式化、模式化、标准化的倾向。这种格式化、模式化和标准化的东西一旦被确定下来便成了约定俗成的群体规范。而群体的每个成员都必须遵守这些规范。成员的态度和行为如果符合这种规范，群体就会加以肯定，而当成员偏离或破坏这种规范时，群体就会运用各种纠正办法，使其回到规范的轨道上来。在管理工作中，应了解群体的规范，研究树立积极规范和消灭消极规范的措施和方法。

因此管理者要注意，对团队规范的把控，不仅要关注正式的准则的部分，同时也要关注非正式规范对于团队的影响，管理者要仔细观察、认真分析、及时纠偏、认真引导，确保团队中的非正式规范是朝着利于团队效能释放的方向发展！

管理者在团队里面应该多做一些沟通。例如，要求在轮班制的车间里，前一半工人在下班前10分钟就停止工作，并对现场进行整理，为下一班的工人创造必要的便利条件。如果没有这样的规范，工人们就不会主动去承担这个模糊边界上的工作，因而就增加了两班工人之间发生矛盾的可能性。管理者通过加强沟通，是可以引导团队的这些不成文的规范的，进而利用这些规范引导成员内的每一位员工。

3 塑造团队氛围：用氛围来激励"士气兵心"

团队的士气高低不仅反映了一个团队的精神状态是否向上，也是决定团队取得绩效高低的基础。因此，士气是团队存在和发展的重要动力之一，也是提高团队工作、生产效率的重要因素。

影视剧《亮剑》中李云龙有很多经典的台词，例如："咱野狼团什么时候改善生活？就是碰上鬼子的时候。""什么精锐，老子打的就是精锐；什么武士道，老子打的就是武士道！""老子就不信这个邪，都是两个肩膀扛一个脑袋谁怕谁啊"。由此可见，李云龙是一个有胆有识的人，而正是他的胆识激发出了整个团队的热情，给其他成员提供了借鉴。在微观上，一个团队中人人相互模仿，争先恐后地杀敌效力。在宏观上，这便表现为士气。在一个团队士气好的部队里面，杀敌的时候就能互相鼓励，进攻的时候就没有"怂兵"！

要提高团队士气，并使之保持稳定高涨，就要弄清楚都有哪些因素能影响团队的士气。下面将介绍影响团队士气的几个主要因素。

（1）个人、团队、组织三者目标的一致性

团队士气是团队成员对团队满意，并愿意为实现团队目标而共

同努力的态度。这种态度的产生，在于团队成员对团队目标的明确认识和内心赞成。正如前面所指出的，团队士气对团队行为方向是极为重要的。因此，成员共同的团队目标，应与组织目标的方向一致。

所谓个人、团队、组织的目标一致，并不排除三者可能出现冲突的情况。一般来说，组织目标是代表了长远和根本利益的，当团队目标或个人目标与之发生矛盾的时候，团队及个人应自觉地调整自己的目标，使其能够与组织目标一致起来，仍然是可以保证激发出高昂士气的。

因此，作为团队管理者，如果希望激发出能影响团队的士气。必须把大家的目标集合在一起。哪怕个体之间的目标差异巨大，也要尽量合并同类项、求取最大公约数。

我们大家都熟悉的《西游记》之中，其实就存在团队目标和个体目标之间的冲突。在团队里面，团队的目标是取经，但是除了师父唐僧对取经这个目标高度感兴趣之外，其他的几个弟子其实对取得真经、广传佛法的兴趣不是很大。作为团队项目召集人的观音菩萨很有智慧，他在跟不同的成员沟通时采取的策略是不同的，与唐僧沟通时他就讲佛法经书的重要性，但是跟徒弟们沟通时，他从来不讲这些大道理，在这时，他讲得最多的是：徒儿们，你们要好好保护你们的师父，求取真经；因为只有求取真经，你们才能修成正果。观音菩萨通过一种很巧妙的方式，把大家的目标凝聚在取经之上。消除了因为团队目标"拉扯"带来的内耗，因此团队才能够鼓舞士气，一往无前，虽九死一生而犹未悔！

士气的强弱，与目标的统一高度与否一致。管理者在团队激励的过程中，应尽最大可能让自己团队成员的目标是明确并且一致的！

（2）团队内部有团结和谐的关系

有较强凝聚力的团队，一般能有较高昂的士气；内部团结，沟通渠道畅通并能合理调解内部冲突的团队，一般能有较高的士气。

大家一定听过这样的故事，某位朋友即便工资不是最高，可是他似乎工作得最开心，问其原因，都是说"我们那个部门氛围特别好，我们公司没什么钩心斗角的事，大家相处得好，我们团队每个人都挺可爱的，比我之前那个强太多了"。这是什么，这就是团结和谐关系带来的氛围，这样的氛围就很可能成为激励员工的重要因素。

实践证明，凡是内部团结和谐的团队，都会使团队成员增强对团队的认同感和归属感，团队成员心情舒畅并乐于发表建设性意见，主动为集体做事。因此，增强团队凝聚力、搞好团队内部团结、疏通沟通渠道、合理解决冲突，对于提高士气是非常重要的。团队的领导与成员之间，成员与成员之间，能互相关心、互相体贴、互相帮助，建立同志式的深厚友谊，对提高团队士气大有帮助。

（3）办事的公道与民主的管理

在现实中，若团队的领导处理事情不公道，就会使成员产生消极态度，表现为对自己所在的团队不关心、不感兴趣、无所谓。这样的事情多了，整个团队的士气便要低落。因此，领导对团队成员的管理要从公道与民主的角度出发，秉公办事、通情达理、耐心周到。

一个农夫牵着一头黄牛和一头水牛下地干活，黄牛不听使唤，一直尥蹶子，农夫没有办法，就把黄牛赶到旁边悠闲地吃草。再赶着水牛下地干活，水牛非常的卖力气，勤勤恳恳，任劳任怨，但是水牛特别的纳闷，不管自己多么卖力气，主人一直在后面用鞭子抽打自己。水牛因此就扭头问农夫："我这么卖力气，你怎么还抽我呢？"主人气呼呼地说："黄牛已经罢工了，如果你再不干快点，我今天几点钟才能干完活呢！"说到这里，反手又朝水牛屁股上抽了一鞭子，水牛听完农夫的话，心灰意懒，挣脱绳子逃走了。

这则寓言故事中水牛心灰意懒地逃走，最为核心的原因是它没有得到公平的对待，农夫的处事极为不公道，做得好的在接受惩罚，反而做得不好的却在安享太平。

寓言虽然戏谑，但不得不说，这样的场景其实在很多团队中并不鲜见。很多管理者在管理中做不到公正、公道，如团队里面的那些刺儿头、关系户、"杠精"，管理者发现管不了、不好管，就对他们"睁一只眼闭一只眼"，听之任之；与之相对应的是，团队里面那些听话、照做、勤恳、敬业的"软柿子"，正是因为好差遣，管理者就对这些"水牛"式的员工层层加码，这种不公平从本质上是管理者内心的怯懦导致的，从长期来看必然会遭到员工的抵制，从而影响整个团队的士气。

（4）满足员工心理的需要

建立良好的心理环境，使员工的心情舒畅，减少他们的焦虑感和挫折感，使员工充满自信与自尊、愉快地工作，这样有利于提高团队士气。另外，员工对工作的满足感的增长也有利于提高团队士气。

2002年，中国男足踢进世界杯，主教练米卢一直强调的就是踢"快乐足球"。在训练场上，米卢尽量将训练转化为游戏。同时，不停地与队员比赛"网式足球""足球高尔夫"，或者其他游戏项目。同时，也将其他教练员、翻译、官员等拉入这一类比赛，快乐是没有界限的，而且这些人也都是国家队的一员，他们的快乐又可以感染队员，在队内形成良好的气氛。

这种和谐的气氛，在比赛时，转化为了队伍的凝聚力。尽管赛前没有那么多的动员会或誓师会，但不可否认的是，这是一支历年来国家队中非常团结的队伍。[①]

快乐也是一种生产力，如果所从事的工作合乎员工的兴趣、爱好，符合他的能力，对他具有挑战性，能施展他的才能，实现他的抱负，那么员工士气必然高。因此，在安排工作任务时要尽量考虑员工们的兴趣爱好，能力大小等，量才适用，以便激发他们的积极性，提高员工的士气。

---

① 蒋明朗、刘博：《米卢足球理念的启示》，载《军事体育进修学院学报》2007年第4期，第59–61页。

4 完善团队关联机制：打造"与子同戈"的队伍

在今天的职场之中，几乎已经不存在完全独立于他人的工作岗位，我们都需要依靠同事来协作。团队的战斗模式早已不是"单兵突击"，而是"拼队伍"。那"拼队伍"效果怎么样更好呢？"拼队伍"的过程中如何完成协作呢？我们有4点建议供大家参考。

（1）团队薪酬

很多企业已经在团队成员中采取了团队薪酬制度并取得了很好的效果，如通用电气、摩托罗拉等公司。如果一个企业只是针对员工个人支付报酬，那么就相当于告诉员工企业看重的是员工个人的工作成绩而不是团队的工作成绩。在这样的薪酬制度下员工并不会真正地把自己看成一个团队的成员，而会把自己看成一个个体，只是偶尔在团队里承担点工作。

你认为在一个美发沙龙里，顾客只是光顾其中的一个理发师的业务吗？不是的。在美发沙龙里，洗头的、剪头发的、按摩的、修指甲的，甚至是前台迎宾的、收银的、放音乐的、打扫卫生的，都会影响到顾客的感觉和评价。在美发沙龙里面，如果只靠个别明星理发师，它的生意是不会红火的。

某连锁美发沙龙有一个奖励制度，就是每月有一笔奖金只发送到门店，而不发给个人。如果某门店得到了一笔奖金，从店长到洗头小妹，就会通通有奖金。如果有部分人表现不佳，影响了团队获得这笔奖励，那么所有的人都会没有奖励。

针对团队来支付报酬向员工传递了这样一个信息：企业看重的是员工的团队合作精神。显然，有效的工作团队必须得到员工对团队的认同，而只基于个人的薪酬制度、基于技能的薪酬制度或者基于绩效的薪酬制度阻碍了员工对于团队的认同感的形成。

（2）团队竞争

我们在引入企业内部个体竞争的同时，还可以引入企业内部的团队竞争。团队成员之间的工作往往是相互关联的，一个成员的绩效不仅取决于其个人的努力程度，也取决于其团队成员的配合和帮助。因此，在进行竞争的时候，也可以把每一个团队当作一个主体来进行竞争。

我在企业内部授课时发现，班级是否分组，往往会导致学员的积极性也有天壤之别。那些在不分组的自由课堂上沉默寡言的员工，往往在小组PK的课堂上焕然一新，他们或者被团队的荣誉感所牵引，或者只是不想自己成为拖团队后腿的一分子，一旦经过分组他们就愿意站起来、强大起来，即使优胜的小组也没什么奖品。事实证明，团队的竞争确实会拉升团队内部成员的积极性。

（3）团队荣誉

我们在进行荣誉激励的时候，适当进行团队荣誉激励也能起到很大的激励效果。在部队里，一旦某某连队被授予"尖刀连""钢铁连"等团队荣誉称号，你会发现大家会自动、自发地提升对自我的要求，使自己符合团队的这个荣誉，从而避免自己给团队的荣誉抹黑。

我们在对团队进行激励的同时，可以在组织中颁发"优秀部门""卓越班组""明星门店""金牌团队"等团队荣誉，来彰显团队的与众不同，在这种团队光环下，群体成员为了稳固团队的荣誉，一方面会强化自我激励，另一方面塑造了更严格的互相监督氛围，从而带动大家整体状态的提升。

（4）团队制裁

某公司团建做了一个"团队赛跑"的游戏。游戏规则是这样的：把参赛者分成若干小队，每队10人，大家一起赛跑；跑步路程一般比较长，最少是5000米，也可以是1万米；在比赛过程中，可以两个人抬一个人，也可以3个人拽一个人，也可以全体队员拖着一个人跑；但是有一个要求，就是只有全队最后一个人到达终点的时候，才能算这一队到达了终点。于是，跑到最后，每一队的队员都会互相问"看到谁谁没有，看到谁谁没有"，没有看到的话，再回头去找。所以，如果一个队长带着9个队员参加这个赛跑，10个人都到终点了，才能算这个队到达终点了；只有队长第一个冲到，其他人都没到，就当作没到；9个人都到了，还有1个在后面，这个队也是没到。

这就是所谓的团队制裁。团队制裁会给全体成员一定的压力，因为没有人希望自己成为那个拖累团队、被他人诟病的家伙，因此这反而更加全面地激励了团队的全体成员去超越目标。

利用这种团队制裁方式还有什么好处呢？就是让团队成员学会照顾其他的团队成员，因为一个人达到目标没有用，一定要照顾到团队里面所有的人。

采用团队薪酬、团队竞争、团队荣誉、团队制裁的方式，就能塑造"与子同戈""与子同袍"的决心，会使大家更加乐于奉献，当你把个人的表现，嫁接到个人对于团队的贡献之时，没有人希望自己是团队里面"垮掉"的那一部分，这样就能激发出他们更加强大的责任心和执行力！

LING CHENG BEN JI LI

第十二章　差异化激励：
好领导都是"一个猴一个拴法"

第十二章 差异化激励：好领导都是"一个猴一个拴法"

1 员工激励切忌"喂马吃肉"

在管理者的团队管理过程中最具有挑战性的是团队是由不同的成员组成的。他们有不同的生活背景、性格、年龄、学历、能力、心态、人生阅历，这也就导致他们的需求其实是多样的。因此，要想真正激励到团队里面的每一名成员，管理者的激励手段必须是差异化的。同一个激励手段在一位员工身上能发挥极大的作用，在另一个员工身上有可能就收效甚微，甚至起反作用，出现"汝之蜜糖，彼之砒霜"的效果！

例如，我们在激励年轻员工时，推崇愿景、使命可能会让其对工作充满热情，但是如果对一个将要退休的老员工采用愿景、使命的激励方式，则有可能是缘木求鱼。对有些员工而言，他们对物质激励最为在乎，而对有些员工而言，工作中的成就感、征服感可能更让他们斗志昂扬。

每个员工的需求不一样，所以管理者的激励手段必须因人而异。一旦出现"喂马吃肉"的情况，就有可能导致管理者付出了成本和心血，却发现"竹篮打水一场空"。开班授徒俗话讲"一个猴一个拴法"，管理者要深入了解每一个员工，摸清他们的内心需求和想法，评估他们的现状，思考自己希望激励的结果，最后对症下药，方能起到最佳的激励效果。

电视剧《走向共和》中，有一个精彩的片段，展现的是晚清重臣激励北洋海军诸位将领的场面。

李鸿章召集会议，全体北洋水师将领坐列两厢，有人迟到，有人打哈欠，有人攀谈，现场军纪涣散，作为北洋水师最高统帅的李鸿章步入会堂。他是采取了什么策略让全体军官为之肃然的呢？

第一招，杀一人。将黄瑞兰押解上堂，此人是李鸿章多年的亲信，早年对李鸿章有救命之恩。但居然胆大包天，侵吞军费。在堂前，李鸿章首先让黄瑞兰讲解了当年相救自己的详情，众人听闻为之动容。最后上演一出"挥泪斩马谡"，将贪污犯黄瑞兰斩首。李鸿章将黄瑞兰树立成一个反面的榜样，最后通过公开处罚的方式，让全体将领知道了自己的"秉公执法"和"大义灭亲"，众位将领见罢，为之肃然。

第二招，吓一人。军中将领方伯谦在军营私养小妾、开会迟到，是军中军纪涣散的代表。在目睹黄瑞兰等亲信被杀之后，方伯谦已经被吓得冷汗淋漓。李鸿章故意下命令将方伯谦斩首，果然，两旁同僚将领为之骇然，纷纷跪拜求情，这时候李鸿章在大家的请求之下，赦免了方伯谦，并直言，今日饶恕方伯谦，一方面是因为各位同僚力保，另一方面是因为方伯谦人才难得。李鸿章的这一招恩威并施，既让方伯谦恐惧和警醒，又让方伯谦感动！

第三招，奖一人。会议杀一人、吓一人，以负面激励为主。这时李鸿章决定缓和一下大家的情绪。李鸿章点名将领邓世昌出列，谈及他号令严明、身作表率，倍加赞许将其树立为团队的榜样。并在最后许诺照顾邓世昌在老家受灾的家人，这一奖，既让邓世昌感

第十二章　差异化激励：好领导都是"一个猴一个拴法"

动万分，也给所有的将领立了一个很好的标杆。

第四招，激一人。将领中有一人名为刘步蟾，能力出众，可担重任，但是不能严于律己，在私下抽鸦片，李鸿章知此人能力大、志向大，因此默默地拿出刘步蟾的烟枪，并言明敌军日寇的狼子野心，最后说：难道你要等着日本人来炸沉你的定远舰？一席话，激起刘步蟾的羞愧和满腔抱负，最后知耻后勇，当众承诺：竭尽全力，操练兵事，卧薪尝胆，忠贞报国！

第五招，捧全体。在激励完刘步蟾以后，李鸿章开始了对全体将领的教诲，经过前几个手段，这个时候再开始全体的教育，会起到最好的效果，当然李鸿章也没有单纯地说教，而是以捧为主，以捧代骂，以捧代教。

在五招激励手段的激励之下，现场起到了很好的激励效果，所有的官兵既被警醒，也被感动，整个士气焕然一新。

在这次激励之中，李鸿章做到了差异化对待。他看到团队里面的下属有功也有过，"过"里面有大过和小过之分，团队里面可以杀鸡吓猴，警醒同事；团队里面也有些有很大的能力但尚未发挥的人；小加劝勉之后，则可以发挥更大的价值。

在整个激励的过程中，针对不同的将领，我们看到他分别利用了负面激励、赞美激励、情感激励、榜样激励、竞争激励等多种激励的方法，并最终实现了极为理想的激励效果。

2　6种类型员工如何激励

团队中每个员工的性格都具有一定的差异，优秀的管理者一定是懂得因势利导的。

有一次，孔子讲完课回到自己的书房，学生公西华给他端上一杯水。这时，子路匆匆走进来，大声向老师讨教："先生，如果我听到一种正确的主张，可以立刻去做吗？"

孔子看了子路一眼，慢条斯理地说："总要问一下父亲和兄长吧，怎么能听到就去做呢？"

子路刚出去，另一个学生冉有悄悄走到孔子面前，恭敬地问："先生，我要是听到正确的主张应该立刻去做吗？"

孔子马上回答："对，应该立刻实行。"冉有走后，公西华奇怪地问："先生，一样的问题你的回答怎么相反呢？"

孔子笑了笑说："冉有性格谦逊，办事犹豫不决，所以我鼓励他临事果断。但子路逞强好胜，办事不周全，所以我就劝他遇事多听取别人意见，三思而行。"

孔子可谓深谙"因材施教"之道，他会根据弟子性格急切与否，来引导学生如何进行下一步,通过不同的手段来激励他的学生,从而帮助他的学生成长。[①]在团队管理过程中,方法是固定的,但是人是活的,人的性格也是千差万别的,我们针对不同性格的员工,如何体现激励手段的差异性呢?

(1)"风平浪静"型

"风平浪静"型的员工,他们低调、务实、恬淡,具有朴实无华的个性,他们不喜欢抛头露面,也不喜欢激荡人心的口号和鼓舞,他们不喜欢"忽悠",而是比较专注于自己当下的工作。

针对这种类型的员工,管理者的激励要尽量符合他们的习惯,少一些"高举高打",多一些脚踏实地。可以跟他们多做一些私下的"非正式"的一对一沟通,加深双方的信任,增进彼此的情感。当管理者的真诚得到他们的认可之后,他们会用实际的行动证明他们对管理者的认可。同时,为了激发这些员工的工作热情,必要的时候,还可以采取一些竞争激励的措施,则能相应地催发他们的紧迫意识,让他们在工作中表现得更加出色。

(2)"孔雀开屏"型

"孔雀开屏"型的员工,他们有极强的表现欲,他们喜欢宏大的、正式的公开认可,观众越多,他们越兴奋。他们愿意与他人展示自己的才华和能力,他们重视他人的认同,他们希望展现自我的独特性。

---

① 曹赟、黄秀丽:《因材施教的现代性探索》,载《郧阳师范高等专科学校学报》2011年第5期,第138—140页。

针对这种类型的员工，管理者不妨多给他们展示自我的机会，尤其是公开公众场合，让他们多多参与和发表意见。当他们做得出色的时候，不要吝啬在公开场合给予他们表扬、肯定。

（3）"天马行空"型

"天马行空"型的员工，他们有非常丰富的想象力和创造力，他们对一成不变深恶痛绝，他们渴望工作中的变化，他们善于在挑战中寻找工作的乐趣。

针对这种类型的员工，管理者要给他们适当的空间，让其发挥其聪明才智，并及时加以勉励，给他们分配相对有挑战性和灵活性的工作，当然在工作中如出现一些差错，管理者应该学会宽容一些，允许他们"试错"，以免浇灭他们对工作的热情。

（4）"人际蝴蝶"型

"人际蝴蝶"型的员工，他们对情感的需求比较大，和谐的人际关系是他们的重点需求。

他们希望感受到自己的价值，希望他们所做的事对这个项目有影响；他们愿意为那些对他们能力表现出信心的领导多做事情；他们希望得到一个发自内心的"点赞"作为回报。如果你的个人喜好是书面交流，可以送一张亲手写的便条给这个人际型的员工。当他们做得很棒时，一个热情的拥抱将是对他们最大的勉励！

（5）"独立思考"型

"独立思考"型的员工，他们是独立的思考者。如果他们与你意见一致，他们会被极大地激励，他们会让你知道，他们喜欢什么额外报酬。无论这是什么，他们希望立刻得到。

他们希望了解这个项目是有价值的，他们的工作会为最后的成果带来不同。他们需要一个在某些领域特别擅长的领导，他们相信这个领导的特长会使整个团队受益。他们更希望得到与他们的贡献相当的回报。如果他们独自做了大量工作，不要认为你只奖励整个团队，他们会高兴。

（6）"撞钟和尚"型

"撞钟和尚"型的员工，他们可能是那些年纪较大、即将退休的员工，也可能是对工作"不求无功，但求无过"的员工，这类员工，比较"佛系"，他们对工作没有特别强的结果意识，管理者的口号和振奋人心的讲话也不能在他们的心里激起波澜。

针对这种类型的员工，管理者应该和他们展开深入的交流，了解他们的所思所想。在建立彼此真诚、互信的基础上，合理地引导他们，建立短期可行的工作目标，让其为自己寻找到工作中的方向。同时，采取必要的竞争激励的措施，加深、加重他们的紧迫感。也可以采取一定的负面激励，触动他们的紧迫感，帮助其走出工作的"舒适区"。

3 不同层次员工如何激励

（1）不同年龄层次员工的差异化激励

30岁以前，职场进入阶段：这个阶段的员工大部分处在刚毕业或参与工作没几年的状态，经验尚显不足，技术也仍不纯熟，但他们充满活力，自主性、创新性强，最注重的便是工作的价值认可、成长空间和发展机会，跳槽成本也相对较低。这种类型的员工，他们希望被群体认可和接纳，希望得到领导的关心和指导。因此，管理者应尝试对他们多多鼓励，当他们做出成绩的时候，及时赞美；犯错误的时候，多多宽容，关心其工作与生活中的实际困难，提供必要的工作辅导，帮助其提升在成长路上的获得感。

30岁到40岁，职场发展阶段：经过数年的磨炼和锻炼，这个阶段的员工心智慢慢趋于成熟，工作技能一般也相对比较娴熟。他们精力充沛，而且自信心也得到了一定的提升，他们已然成为团队中的核心力量。这部分员工热切盼望得到领导的认可，希望在工作中获得尊重。针对这部分员工，如果他们有独当一面的能力，应该多给予他们信任，给予必要的授权，让他们有挑战自我、成就自我的机会，他们会将领导对于他们的支持视作最大的奖赏。

40岁至55岁，高峰保持阶段： 他们基本有家有室，需要承担家庭责任，上有老，下有小，加上房子、车子、社交等因素，物质需求是比较高的，可谓能力与压力并重，因此他们看重的很可能是薪资和晋升空间；在非物质需求方面，他们渴望在组织中能够自我实现，获得他人的尊重，提升自我的影响力，针对这部分员工，管理者要表示必要的尊重和认可。

55岁以上，下降退出阶段： 他们是职场老员工，他们经验和阅历最丰富，对公司、对行业的认识都比较深，忠诚度较高，但惰性和自大心理也相对较强，他们重视地位和尊重度，并希望能够安稳留下去，要想激励他们开拓进取，还需加强他们的主人翁意识，增强组织认同感和归属感，对于他们而言，要尊重他们的经验和知识，管理者谦虚的提问，可能给他们带来极大的满足。

（2）不同职级员工的差异化激励

高层激励重点： 高层负责企业的战略制定。他们工作好坏对一个企业的成败有着直接和重大影响，因此也对企业价值的变化有着直接和重大影响。由此，对于企业的高层激励设计一定要与企业的发展紧密地联系在一起。

在对高管的激励过程之中，一定要摆脱简单的物质金钱激励。高层如果对企业所从事的事业没有崇高的荣誉感、使命感和责任感，又如何能为企业的发展做长远的规划。而且高层管理者作为到达一定高度的职业人士，其基层的物质需求、安全需求、归属的需求、尊重的需求在需求中的占比会相对地下降，而自我实现的需求在抬升。要真正激发出其内心最深刻的动力，必须让其真正看到事业的价值和使命，从而激发出其内在最深刻的渴望。

中层激励重点： 中层干部是企业的四梁八柱，在企业里承担承前启后、承上启下、承点启面的重要支撑作用。中层给力，则整个企业腰强腿壮，企业战略可以贯彻实施；中层不给力，则整个企业腰肌劳损，心有余而力不足。因此对中层的激励非常关键。

在中层的激励过程中，必须了解到中层是上下衔接的重要一环，中层的能量、士气直接影响到基层的最终状态。中层有"狼"性，则整个团队是一群狼，中层有"羊"性，则整个团队是一群羊，对中层的激励最为核心的目的是召唤其内心的责任感，激发起工作的斗志。

因此，针对中层的激励，要做到宏观的愿景和中短期的目标相结合，结合相关晋升、奖罚、竞争、考核、薪酬、授权机制。让团队的领头羊率先跑起来。

基层激励重点： 基层的员工是企业真正在一线拼刺刀的战士，也是累积企业成功的基本条件，他们是企业的细胞。只有员工燃烧起自己的"小宇宙"，企业才能蒸蒸日上。

基层员工其实最关注的是自己的获得感，这种获得感既包括显性的，也包括隐性的。显性更多是与物质金钱的激励相关，而隐性的更多是这份工作给予他精神上的满足、能力上的提升、职业上的积累。因此，管理者不仅要关注员工的工资、福利，还可以通过赞美、荣誉给予对方精神上的愉悦；通过沟通、辅导、负面激励来帮助其真正成长；通过授权、竞争来帮助其在职业上逐渐走向成熟，并积累上升的资本。

华为公司在激励员工时，就充分意识到了不同阶层的员工的需求差异性，提出了以下让**基层有饥饿感、中层有危机感、高层有使命感**的激励机制。

一、让高层有"使命感"

让高层有"使命感"就是要让高层干部有事业心。

什么是使命感？任正非用非常朴素的语言将其描述为："有钱也干，没钱也干，我就是爱干这活。"

在华为公司，高层干部薪水相对要高，每年分红也要多一些，但财富对他们来说仅具有符号意义。这批人是少数，他们不能以物质利益为驱动力，而必须有强烈的事业心、使命感，这是一群已经完成了物质"原始积累"的精英团队，推动他们每日奋斗的是一种精神，一种源自本能的对事业的热爱和激情，非此别无其他。

华为公司通过轮值CEO制度来强化高层的使命感。

通过评定公司"蓝血十杰"来追认有历史贡献有使命感的干部，通过评定"明日之星"来牵引未来涌现更多有使命感的干部。

华为管理如此庞大的商业组织，面对复杂的市场环境，还能让大象也跳舞，实属不易。如何破解企业一做大就失去活力、僵化、官僚的宿命？华为基于人性的、现实的、简单的管理实践，无疑为众多企业树立了可供借鉴的成功典范。

二、让中层有"危机感"

让中层有"危机感"就是要让中层有责任心。

什么是责任心？就是以实现公司目标为中心为导向，对工作高度投入，追求不懈改进，去向周边提供更多更好的服务。

在华为公司，作为中层管理者，凝聚不了队伍、完不成任务、斗志衰退、自私自利，对不起，你将很快被挪窝、被降职；但经过一段时间你改变了，工作激情提升了，经过各方面考察合格了，你也可能重新得到提拔。

任正非从历史发展规律中深刻认识到，一个组织太平的时间越长,危机意识越弱,生存能力就越差,最后一定会走向寂灭、死亡。因此才会有华为1997年的"市场部集体大辞职"事件以及2007年"7000名干部集体大辞职"事件。虽然外界对于"华为大辞职"褒贬不一,但任正非向中层干部的太平意识宣战的决心从没有改变过。

华为对管理者实行严格的强制比例淘汰机制,每年有10%的管理者要下课,转为普通员工。掉队的管理者将进入公司干部后备队学习营,脱产进行再学习和改造。3个月后,如果考试不合格,或者没有部门录用,工资将降低20%,并继续脱产学习,如果仍然不合格,工资将再次降低。华为管理干部的平均年龄每年都在下降,大批优秀的年轻人得到提拔,本以为可以躺在功劳簿上睡大觉的管理干部丝毫不敢懈怠,否则,就会被后浪打到沙滩上,淘汰出局。

华为公司还通过述职、业绩排名、岗位轮换、荣誉奖励、关键黑事件就地免职等机制传递压力给中层管理者。始终让小富即安的中层觉得危机四伏,唯有如此,才能克服人的惰性,驱动中间持续奋斗。

三、让基层有"饥饿感"

让基层有"饥饿感"就是要让员工有企图心。什么是企图心?不光是对奖金的渴望,更是对晋级的渴望、对成功的渴望、对做出成绩的渴望。

华为在对员工的激励中,充分体现了不同职级层次员工的差异化激励。这种差异化既符合不同层次员工本身的需求差异,又体现了公司对于各个层级员工的要求差异。企业对员工的要求不一样,那么激励的侧重点就不一样,激励的手段当然也要随之改变。

4 特殊员工的差异化激励

企业里面还有以下几类比较特殊的员工,他们的激励也值得管理者注意。

(1)驻外地员工的激励

针对这类人员,管理者一定要对他们的工作表示尊重,他们长时间远离团队、远离领导,甚至有一些员工,为了团队的利益,不得不暂时别妻离子,远赴异地。让这部分员工感受到领导的关心和团队的温暖是对其进行激励的首要出发点。

因此,管理者应该多用情感激励法,平时多与其保持定期及不定期的沟通,多多了解其在工作和生活中的问题,提供力所能及的帮助和支持。管理者可适当创造条件,多去一线展开慰问。当驻外人员返回大本营的时候,要创造一个"欢迎你们回家"的氛围,增强其归属感,鼓励团队成员多跟他们交流,对他们的归来表示欢迎。

另外,管理者可以为其争取和保证一定有探亲假,保障其和家人团聚的时间。在费用报销等方面,尽量做到顺畅操办,甚至做到优先处理,解除其后顾之忧。

（2）外籍员工的激励

针对外籍员工的激励，体现两个基本原则：尊重其文化，同时邀请其加入我们的文化。

伴随全球化的浪潮到来，外籍员工也越来越多。外籍员工来自不同的文化背景，在遵守公司规章制度的前提下，管理者要允许其文化的特殊性。比如，因为文化差异，有一些西方国家的员工说话会比较直接，甚至造成管理者的不快，管理者针对这些因为文化差异导致的问题，要拔高格局，多加宽容。

与此同时，在外籍员工和中资团队的接洽过程中，管理者帮助其融入中国文化，既能帮助彼此深入地沟通交流，也能让其感受到更多的温暖和诚意。例如，针对有些外籍员工，邀请他来参加一次具有中国特色的家宴的效果，有可能要远远超过一些物质激励的效果。

（3）"老油条"式员工的激励

团队里面出现"老油条"员工是比较令人头痛的，但是针对这部分的员工的激励并非无计可施，管理者可以从以下两个层面来下手。

其一，为其设定明确目标，很多"老油条"之所以浑浑噩噩混日子，是因为没有清晰的目标，也没有压力，管理者一定要与其展开深入沟通，帮助其建立具有挑战性的目标。

其二，加强考核，"马不打不快"，要给他们压力，在管理过程中，要对其说明组织是结果导向的，并根据其最终呈递的结果，做到奖罚分明，让其产生一定的警惕。另外，引入必要的竞争，让他们产生危机感和紧迫性。

（4）"祥林嫂"式员工的激励

所谓"祥林嫂"式员工，指的是在工作中喜欢抱怨、喜欢指责、喜欢传播负能量的员工。

首先，管理者要了解员工为什么抱怨。员工之所以抱怨，是因为某些需求没有得到满足，管理者要愿意坐下与其沟通，去了解他真正的需求点。其次，管理者应该积极面对员工提出的问题，主动处理，并及时地反馈给员工，让其看到管理者的责任和担当。最后，管理者一定要积极引导其将"抱怨"转化为"建设性的建议"，告诉员工一定要用事实来证明自己的实力，不要用抱怨来表明自己的不满，团队也不需要只会抱怨、不会做事的员工。

（5）"懒汉"式员工的激励

不可否认，有些团队里面会存在一些"懒汉"式员工，他们排斥指令、回避工作、责任心较低、自私心理较重。

针对这种类型的员工，管理者要通过目标激励帮助其建立中短期的可行性目标，加大竞争激励，增设考核手段，该批评批评、该处罚处罚，切忌因为管控不善，而出现"劣币驱逐良币"的糟糕局面。

（6）高层次知识型员工的激励

高层次知识型员工多具有以下特征：拥有较高的专业能力和个人素养、具有实现自我价值的强烈欲望、高度重视成就感和精神激励、具有很高的自主性和创造性、个性突出并蔑视权威、工作成果难以量化。

针对高层次知识型员工的激励，首先，要重视他们的发言权，知识型员工自主意识比较强，要尽量开放沟通渠道，多倾听他们的声音。其次，在工作时间上可以给予其一定的自由度，知识型员工的工作产出具备创意性，因此应该尽量尊重员工自己的工作节奏。例如，给员工在工作时间上更多的自由裁量权，无论是做按摩、去健身房还是仅仅沉迷于排球，他们都可以享受一些乐趣。允许每位员工将20%的时间（每周1天）用于做任何他们喜欢的事情，只要这件事合乎道德和法律。这种轻松自由的时间安排不仅不会降低员工的工作效率，反而会催生出一大批极具颠覆性的创意。最后，尊重并及时地肯定他们的工作成就，满足他们关于自我价值的强烈追求。

分析完这些不同类型员工的差异化管理之后，我联想到我们工作中经常听到的一句话：管理是科学的，也是艺术的。这句话细化到激励层面，也依然是实用的。那就是：激励是科学的，也是艺术的。为什么说激励是科学的，因为激励是有方法的、有工具的、有套路可循的，采用这些方法、工具、套路，则激励成功的可能性就会大很多。那为什么又说激励是艺术的呢？所谓艺术的特色是千人千面的，是灵活多变的，是因人而异的，激励也是如此，没有哪一种方法是能够放之四海而皆准的，管理者掌握激励的方法、工具、套路，还需要在仔细地了解、分析下属的基础上才能得以适用，只有针对不同员工，做到"运用之妙，存乎一心"，才能够让我们在员工激励的道路上做到游刃有余。

图书在版编目(CIP)数据

零成本激励 / 胡既白著. —北京：中国法制出版社，2022.4

ISBN 978-7-5216-2555-4

Ⅰ.①零… Ⅱ.①胡… Ⅲ.①企业管理—人事管理—激励 Ⅳ.①F272.92

中国版本图书馆CIP数据核字（2022）第038784号

策划/责任编辑：刘 悦（editor_liuyue@163.com） 封面设计：汪要军

零成本激励
LING CHENGBEN JILI

著者 / 胡既白
经销 / 新华书店
印刷 / 三河市国英印务有限公司
开本 / 710毫米×1000毫米 16开　　　　　印张 / 15.25　字数 / 491千
版次 / 2022年4月第1版　　　　　　　　　2022年4月第1次印刷

中国法制出版社出版
书号ISBN 978-7-5216-2555-4　　　　　　　　　　　　　　定价：59.00元

北京市西城区西便门西里甲16号西便门办公区　邮政编码100053　传真：010-63141600
网址：http://www.zgfzs.com　　　　　　　　　　　　编辑部电话：010-63141819
市场营销部电话：010-63141612　　　　　　　　　　　印务部电话：010-63141606
（如有印装质量问题，请与本社印务部联系。）